イマドキの不倫事情と離婚

露木幸彦

祥伝社黄金文庫

■はじめに～がんばっても報われないあなたへ。
ちょっとだけピンク色の脳内逃避行をしませんか？～

突然ですが、質問です。

あなたは若い頃、こんなにふうに思っていませんでしたか？　年をとればとるほど人生はどんどんと充実するに違いない。着々と人生経験を積んで、次々と家族や仲間が増え、バリバリと仕事で活躍し、毎年のように「右肩上がり」に進んでいくはずだと。

ところで今のあなたはどうでしょうか？

察するに年を食えば食うほど、ガチガチに束縛《そくばく》され、ネチネチと監視され、もし、本音を口にしようものならギュウギュウに吊し上げられる……そんなふうにほとんど自由のない日々を強《し》いられているのでは？

例えば、あなたの子どもが中学生、高校生なら、ちょうど入用が増えるお年頃。塾や習い事、予備校や受験など。なけなしの貯金を切り崩して、費用を捻出するのですが、あなたの苦労が報われるでしょうか？　残念ながら、子どもは反抗期なので親子の間にまともな会話はなく、感謝されるどころか、むしろ、話しかけても無視されたり、逃げられたり、揚句の果てには、怒り出す始末。

また、あなたに2人目、3人目の子どもが生まれて家が手狭になったり、子どもが「自分の部屋が欲しい」と言い出したり、業者の営業マンに「家賃と同じ金額で『一国一城の主』ですよ」と甘い言葉で勧誘されて、念願のマイホームを手に入れたとしても、定年まで重くのしかかる住宅ローンに加え、固定資産税、管理費等をせっせと払うのは気が遠くなる話です。それなのに、あなたの苦労が報われるでしょうか？　借家から持ち家に替わったところで、「父の威厳」「夫のメンツ」がいきなり回復することはなく、あなたのパンツだけ別に洗濯されるという日々に変わりはありません。

さらに年老いた両親のことが心配になる頃合いですが、自宅が二世帯住宅で両親と同居していれば、介護は不可避ですし、離れて暮らしていても「金の無心」をしてくるかもしれませんが、援助を断わろうものなら大変。「誰が産んでやったと思っているの！　あんたなんか産むんじゃなかったわ」など2倍3倍にして、やり返してくるのです。結局、休日にアルバイトをしたり、副業をしたり、FXなどで小金を作って、毎月、両親の口座にせっせと振り込むのですが、あなたの苦労が報われるでしょうか？　両親から「ありがとう」の一言もなく、「もらって当然」という感じでふてぶてしい態度をとるのです。

このような「思春期の子ども」「持ち家」「親の介護」というライフイベントは、あなたのお金や体、心の「自由」を奪っていくわけですが、今回挙げたのはあくまで一例です。この手のライフイベントは他にも無数に存在するので、年齢を重ねれば重ねるほど、加速度的にあなたを蝕《むしば》んでいくわけですが、せめて夫婦が助け合い、支え合い、協力し合っていれば、何の見返りもなくても、いっこうに報われる気配がなくても、「妻以外の人間」に感謝されなくても、何とか乗り切れるかもしれません。しかし、あなたの妻はどうでしょうか？

例えば、妻はあなたの悪口を言うばかりで何もしなかったり、あなたが少しでも注意をしようものなら「バカ」「ボケ」「死ね」と2倍、3倍にして返してきたり、あなたのスマートフォン、財布の中身や電子マネー、クレジットカードの明細などをチェックし、ネチネチと文句を言ってきたりするのでは？　結局、肝心要の妻にすら感謝されず、四面楚歌の状態で「無償の愛」を与え続けるのは無理があるので、このままでは遅かれ早かれ、あなたが我慢の限界に達してもおかしくはありません。

「いっそのこと、すべてを捨ててしまいたい」

だから、あなたがそんなふうに思い詰めて、人生に疲れ果てて、今の「報われない」生活を投げ出したくなっても不思議ではないでしょう。

例えば、妻とはキッパリと離婚して、もっと若くてキレイで優しい子と一緒になりたい。それを実現できれば最高ですが、前述の通り、性格がひん曲がった妻ですから、夫婦間に「愛」がひとかけらもないのに、「子どものため」「世間体が気になるから」「気持ちの整理がつかないから」などと御託《ごたく》を並べて離婚に応じてくれない可能性もあります。もし妻との離婚が叶わないのなら、まぁ、それはそれとして、不倫でもいいから妻より魅了的な女性に癒《いや》されたい、包み込まれたい、気持ちのいいことをしたい。そう、こんなふうになる前の独身時代のように。倫理的なことはさておき、せめて脳内だけでも逃避行をすることができれば、十分な気晴らしになるでしょうね。

本書は日々の生活、仕事や家庭、プライベートに希望を見出せない男性諸君に向けて執筆しました。主に不倫、年の差婚、離婚について「妻より先に知っておけば得をする」有益な内容を1冊にまとめました。とはいえ、堅苦しい話は皆無で、エッセー風に書き上げましたので、実用書、法律書、専門書よりも、格段に読みやすいはずです。

妻とは違う彼女と、イチャイチャと楽しくやっていく人生。

まるで夢の国のおとぎ話のようですが、「遠い夢の国」で終わらせるのか、本当に夢の国に行こうとするのか、それはあなた次第です。本書のおかげで夢の国の存在を知ることができ、目の前の現実は依然として厳しくても、本書がそれを乗り越えるための「活力」になれば幸いです。

平成26年　初夏

露木《つゆき》幸彦《ゆきひこ》

第1章 イマドキの不倫事情

第2章 イマドキの離婚事情

第3章

男と女、世間体が悪いのはどっち？

第4章

不倫で幸せ太りする女、激やせする男

デザイン　鈴木大輔・江崎輝海（ソウルデザイン）

本書は朝日新聞電子版（ａｕ限定サイト）に平成25年6月から26年5月まで連載された『イマドキの離婚事情』に、加筆・修正をしたものです。

第1章

イマドキの不倫事情

「女子会だから」と出て行った妻が男とラブホで密会!?

妻の女子会から不倫を疑え!

女子が夜な夜な、外出する……そんなことは太古の昔から、ずっと「ご法度」でした。未婚の女の子ならまだしも、人妻なら、なおさらのこと。それは当然、平成の世でも同じこと。だから、万が一、妻が夜遅くまで帰ってこなかったら、夫はガツンとお灸《きゅう》を据えることができたのです。「こんな時間まで、何をやっているんだ!」と。

しかし最近、夫の目をはばからず、夜の街に消えていく人妻が増えてきたのです。これはどういうことでしょうか? 夫に一言、言っておけば、もうお咎《とが》めなし。常識的な範囲なら、いつ、どこに行ってもOK。そんな魔法のようなフレーズが近年、登場したのです。それは「女子会だから」。

そもそも女子会とは何でしょうか? そう、『女友達』と飲みに行くことですが、昨日今日、初めて発生した現象ではなく、昭和の時代から、飲みに行く女性は存在していました。もちろん、あまり良い印象は持たれていませんでしたが。

では、ここ最近、何が変わったのでしょうか？　それは「女子が夜、出歩く」という行為が、「女子会」ブームによって特別なことから「当たり前のこと」に変化した結果、誰からも後ろ指を指されなくなったのです。

もともと女子会の由来は、居酒屋の集客キャンペーンの一環だったのですが、メディアがそれに便乗することで、居酒屋の客層を超え、誰しも知っている一大ブームへと駆け上がったのです。

このように、右見ても左見ても「女子会特集」で埋め尽くされたことで「女子が夜な夜な、出かけること」は、ついに「悪いこと」から「良いこと」に変貌を遂げたのです。もちろん、お相手が「女子」だということが大前提ですが。

だから今日では、妻が「女子会だから」と言ったら、夫はまんまと信じてしまうというわけ。「本当に女子しかいないのか」と突っ込まれる心配はありません。

いや、今までは違ったのです。妻が「○○ちゃんと飲みに行くから」と言えば、夫はしつこく詮索してきたはず。「何時に帰ってくるんだ」「他には誰がいるんだ」「○○とはどういう関係なんだ」などと。やっていることは、どちらも同じなのに、『女子会』と言うだけで、夫の反応が180度、変わってしまうのは、なんとも摩訶《まか》不思議な現象です。

ところで、妻の「行き先」は本当に女子会なのでしょうか？　いったん、外に出てしまえば、後は「自由の身」です。結局のところ、夫が24時間365日、妻を監視するのは不可能なのだから。残念ながら、私のもとには「女子会ではなかった」という相談が舞い込んでいます。どうやら、お相手は女子ではなく、男子だったようなのです。

つまり、妻の行き先は居酒屋ではなく、ラブホテルでその中身は飲み会ではなく、性交渉だった……そんなケースが最近、目につくようになりました。当然、夫以外の男性と肉体関係を持てば、「不貞」以外の何ものでもありません。女友達との飲み会で3時間、不倫男との密会で3時間、どちらに要する時間も同じくらいだから、帰宅時間だって不自然ではありません。

もちろん、妻が正直に「男友達と遊びに行く」と言えば、夫はそう簡単に妻の外出を認めないでしょう。しかし、「女子会だから」と言えば、それが真っ赤な嘘であっても真に受けてしまい、夫はまんまと引っかかってしまうのです。

女子会を「隠れ蓑《みの》」にすれば、バレずに不倫を楽しむことができるという現実。確かに女子会ブームを悪用するなんて、汚いやり方ですが、そのような輩《やから》がいるのは事実なので、そのことを知らなければ、「妻が外で何をやっているのか」見抜くことはできません。

case 2

熟年離婚の危機は何の前触れもなく、突然やってくる!?

熟年夫婦が冷戦に徹する理由

結婚の年数が長くなればなるほど、夫婦喧嘩の回数は増え、また喧嘩の中身は酷《ひど》くなっていきます。5年より10年、10年より20年、20年より30年……まさに「夫婦喧嘩なんて犬も食わぬ」。年々、その傾向に拍車がかかるのですが、年数を重ねれば重ねるほど、「離婚の引き金」を日々の生活のなかで、発見しにくくなります。これはどういうことでしょうか?

夫婦喧嘩が増える理由は、確かに考え方、価値観、人生観の不一致も大きな原因の1つです。もともと価値観等がかなりの部分、一致している男女が結婚するわけですから、新婚ホヤホヤで、2人がラブラブのときは喧嘩は起こりにくいですが、子どもの誕生、持ち家の購入、親の介護など、人生におけるさまざまなイベントを経験することで、夫婦の「価値観が変化」していきます。夫と妻の価値観が同じように変化すれば良いですが、実際には、そんなことはありません。夫は夫、妻は妻で、違った形で価値観が変化していき、その結果、２人の間に距離や溝が生じ、それが喧嘩の原因になるため、結婚期間が長ければ長いほど、夫婦喧嘩は起こりやすくなるのです。

とはいえ、夫婦喧嘩が増える理由は、喧嘩「前」だけでなく、喧嘩「後」にもあり、新婚さんと10年目の夫婦では、１８０度違うのです。これはどういうことでしょうか？

まず結婚当初の夫婦の話。夫婦とはいえ、結局のところ、戸籍以外では他人同士。だから、結婚したばかりの夫婦でも、小さな喧嘩をするのは仕方がないでしょう。喧嘩の最中は相手に対し、怒りや憎しみ、嫌悪感や不信感を持ってしまうかもしれません。

大事なのは、それら負の感情を翌日まで引きずらないことです。そのために、喧嘩の最後には、お互いが「悪かったよ」「ちょっと言い過ぎた」「ごめんなさい」という具合できちんと謝り合い、喧嘩の原因となった「夫婦間の溝」をどうやって埋めていくのか、その具体的な方法を見出すことができれば、その喧嘩を「なかったこと」にできるのです。妻はもちろん、あなたも後腐れなく、すっきりした顔をしているでしょう。これを「仲直りの儀式」と呼びますが、何も特別なことではありません。

ごくごく当たり前のことで、幼稚園児だってできますが、では、結婚10年目の夫婦はどうでしょうか？　わざわざ、「仲直りの儀式」を行わないのです。なぜでしょう？

10年も一緒に連れ添っていれば、妻はあなたにとって、あなたは妻にとって「空気のような存在で」、謝ろうが、謝らなかろうが、いつも「そこにいる」のです。だったら面倒な「仲直りの儀式」はもちろん、一切、何もしないのです。まるで「時間が解決してくれる」と言わんばかりに。

もちろん、何もしなければ、何も解決しません。お互い遺恨を残したままなので、しばらくの間、しかめっ面、仏頂面です。喧嘩のせいで生まれた負の感情が振り出しに戻ることはなく、喧嘩のたびにどんどん積み重なっていきます。「あのとき、○○って言ったでしょ！」という具合に、前回の喧嘩を蒸し返されてしまうのです。喧嘩が喧嘩を誘発するという悪循環……だから、結婚年数が長ければ長いほど、喧嘩の回数は増え、中身は酷くなっていくのです。

ところで、あなたは今、思い出せるでしょうか？　夫婦喧嘩の後、妻がどんな顔をしていたのか。結婚してまだ日が浅いのなら、まだ妻の顔を見る機会だってあるでしょう。しかし、結婚から年数が経てば経つほど、わざわざ妻の顔を見ようなんて思わなくなります。今日の話を知らなければ、なおさらです。だから結婚5年より10年、10年より20年、20年より30年の夫婦の方が「離婚の引き金」を見つけにくいのです。

case3

携帯が鳴ったらトイレに直行、それは浮気のサイン!?

なぜ妻はトイレで携帯を見る

携帯電話を誰にも見られたくないとき、あなたはどうしますか?

一番手っ取り早い方法は「トイレに入ること」です。さすがに電話口に向かって声を発することは難しいかもしれませんが、メールなら絶対に大丈夫です。そこでメールを見たり、書いたり、送ったりしても、他人に知られることはありません。なぜなら、鍵を閉め忘れない限り、他人が入ってくることはないのだから。確かに自分の部屋や、家の外でも良さそうですが、そこが大きな違いです。トイレと違い、完全な密室ではないので、いつ誰が入ってくるか、現れるか分かりません。

しかも、よほど頻繁でなければ、何回トイレに駆け込んでも、不自然ではなく誰に怪しまれることもありません。なぜなら、尿意のタイミングは人それぞれなので多少、回数が多くても、文句を言われる筋合いなどないからです。だから、携帯電話をどうしても見られたくない場合、トイレに籠《こも》るのが最も無難な方法です。

ところで、1つ質問をさせてください。例えば、夫、妻、子どもの3人がリビングでくつろいでいるとき、妻の携帯電話が鳴ったとします。妻はどのような反応をするでしょうか？　着信だったら電話をとったり、メールだったらメールを見ることも可能なはずです。夫の目の前でも。それなのに、もし、一目散にトイレに駆け込んだら、要注意です。だって、妻はその着信やメールを絶対に見られたくないと思っているのだから。

これは自宅に限った話ではなく、外出時も同じ。例えば、家族で外食をしているとき、妻の携帯が鳴ったら、どんな反応をするでしょう？　着信の場合、その場で電話をとるのは、さすがにはばかられますが、例えば、その場を離れてレジの近くや、お店の外などに移動すれば差し支えないでしょう。そもそもメールなら、夫の目の前で読んだって、問題ないはず。それなのに何の迷いもなく、トイレに逃げ込もうとしたら、やはり、要注意です。自宅と違い、出先の場合、やや行動範囲は広いですが、とはいえ、目線で追えば、すぐに分かるでしょう。妻が携帯を片手に、小走りでどこに消えたのかは。

「今思えば、妻がトイレに行く回数が増えたし、長い時間、トイレに篭るようになったんです」。ある男性相談者がそう証言してくれましたが、どうやら、妻が不倫をしていたようなのです。妻はトイレのなかで、不倫相手からのメールを読んだり、不倫相手への返事を書いて送ったり、不倫相手とひそひそ話をしていたというわけ。妻がどんな顔をして、トイレでこそこそ、やっていたのか。ちょっと想像するだけで、ぞっとしますね。「そろそろ更年期なのかな。いや、今日はお腹の調子が悪いのかも」なんて心配している場合ではないのです。

case4

年賀状の仕分け方でマル分かり！　妻の浮気危険度チェック

年賀状で妻の浮気が発覚!?

バレないのが不倫の鉄則。だから、不倫相手は自分との距離が遠ければ遠いほど、接点が少なければ少ないほど良い。夫婦どちらも同じですが、今日は妻の話。

家事に追われ、育児に悪戦苦闘し、夫に振り回されるという日々……そんな日常生活のなかで妻が「夫以外のオトコ」と知り合う機会は、ほとんどありません。だから、結局のところ、不倫相手は「身の回り」の人に限られるのです。距離が近かろうが、接点が多かろうが、夫と面識があろうが。

例えば、ママ友の夫。幼稚園、小学校、中学校、高校。妻は子どもの成長に応じて、同級生の家族との付き合いが始まります。同級生の家族とは、主に母親と父親で、日常的に接するのは母親の方で、いわゆる「ママ友」です。一方、父親と接する機会も少なからずあります。

もちろん、平日の昼間は、同級生の父親も働いていますが、土日の休みはどうでしょうか？　例えば、学校の行事やイベント（運動会や文化祭など）、習い事（ピアノや美術など）の発表会、少年野球やサッカーの観戦など。妻と同級生の父親は「子ども」を通じて共通の話題が多いですし、夫婦間に会話がなければ、子どもの悩みを「同級生の父親」に相談したり、愚痴を聞いてもらうのは、いたって自然な流れです。

その延長線上で男女の関係に発展しても不思議ではないでしょう。まさに「灯台下暗し」。もし、一緒に旅行やバーベキューに行くなど、家族ぐるみで付き合っていたとしたら、夫にとって「昨日の友は明日の敵」状態だから、そのショックは計り知れないほど大きい。「まぁ、よく大胆なことを」と思われるかもしれませんが、実例が多数、存在するのです。

とはいえ、いくらなんでも危険極まりない。子どもの同級生の父親と付き合うなんて。

子どものこと、学校や習い事のこと。近所のこと。どこからでも足がついてしまうのだから。夫にバレる確率は、それ以外のケースと比べ、極めて高いと言えるでしょう。

例えば、たかが年賀状でも気が抜けないのです。「ママ友の夫」との不倫は、とにかく刺激的。だって不倫相手がわざわざ年賀状を送ってくるのだから。それもそのはず。子どもの同級生の「家族」から年賀状が届くのはおかしなことではありません。差出人は同級生、母親、父親の連名。宛名もあなた、妻、子どもの連名で、ごくごく自然なのですが年賀状を見たときの反応は、夫と妻とでは、180度、正反対です。

夫は「数ある同級生の1人から届いた年賀状」としか思いませんが一方、妻はどうでしょうか？　年賀状の差出人が「不倫相手」だと気付いた瞬間、恥ずかしすぎて居ても立ってても居られないでしょう。

ところで、あなたの家庭では「年賀状の仕分け」を、誰が行っているでしょうか？　年賀状の仕分けとは、自宅に届いた年賀状を、それぞれの家族に振り分ける作業のことで夫の分、妻の分、子どもの分という具合です。去年まで、夫が担当していたのに突然、妻が「今年は私がやってあげる！」と言い出したら要注意です。だって、一刻も早く、年賀状の束から「不倫相手」を抜き取ろうと企んでいるのだから。

ところで、年賀状を見ただけで、夫は「妻の不倫」を見抜けるでしょうか？　いや、無理です。だって年賀状の文章なんて、謹賀新年から始まる定型文だし、年賀状の写真なんて、家族旅行のときのピースサインが定番……1枚の年賀状で「妻の不倫」を疑う夫など皆無でしょう。

それなのに、妻が必死になって、年賀状を隠そうとするのは何のため？　と首をかしげますが、やはり、夫に対する罪悪感や後ろめたさが妻を隠蔽工作へと走らせるのでしょう。あなたはボケッとしている場合ではないのです。「そんなに切手シートが欲しいのか」と。

case5

震災復縁した夫婦は結局、どうなったのか

震災復縁した妻と夫の本音

東日本大震災から今年（2014年）の9月で3年半。未曾有《みぞう》の大災害は、夫婦や家族にどのような影響を与えたのでしょうか？　私が過去に受け持った2つの相談実例をもとに振り返っていきます。まず仙台市在住の50代夫婦の話です。別居していた夫婦が震災をきっかけに別居を解消し、再度同居し始めたそうなのです。これはどういうことでしょうか？

この夫婦は離婚を前提に別居していたのですが、そんな矢先、震災が発生したのです。震災前は、夫は会社で寝泊まりをし、妻子は自宅に住んでいたのですが、どちらも仙台市内です。家族が全員無事で、会社も自宅も大きな被害はなかったけれど一方で自宅の近隣では、倒壊寸前の家屋もあり、妻は近隣住民のために、自宅を一時的な避難場所として提供したそうです。

さすがの夫も家族のことが心配になって、いったん、自宅に戻ったのですが、そこで気変わりしてしまったのです。なぜなら、そんな危機的な状況のなかで家族や近隣住民と共同生活を送れば、夫だって家族のありがたみを感じざるを得ません。結局、「今すぐ結論を出さなくても」と思い直し、離婚は先延ばしになったのです。

ただ、よくよく話を聞くと、震災をきっかけに妻と復縁した理由は、それだけではないようです。夫はイベント会社を経営しており、実は会社の女性従業員と付き合っており、女性に離婚を急かされていたという裏の事情もあったそう。しかし、震災以降、会社の業績が思わしくなく、女性を雇用し続けることが難しくなったのです。また夫と妻が二重生活を送っていると当然、同居している場合に比べ、生活費等の負担は重くのしかかります。つまり、別居を解消した背景には、金銭的な理由もあったというわけ。いずれにしても、この夫婦は震災の恩恵で、元鞘《もとざや》に戻ることができたのです。

次は40代夫婦の話です。同じく仙台市在住で、震災前から夫婦は別居していました。夫からの嫌がらせやイジメに耐えかねて、妻は小学生の子を連れ、家を出たのです。共働きなのに夫が家事育児に非協力的だったことも、妻にとって不満の原因でした。彼女は同じ区内にアパートを借り、生活していますが、現住所は夫には秘密のままです。落ち着いたら、離婚を切り出すつもりだったそうです。

そんな矢先、震災が発生。妻は驚きました。なぜなら、子どもを迎えに小学校に行くと、そこにはすでに夫がいたのだから。同居時は子どもに無関心だった夫が、緊急事態で一変したのです。妻は気まずい顔をしながらも、2人で子どもを引き取りました。

そして震災から2年。もう1度、妻から話を聞くことができました。夫婦はいまだに別居していますが、震災をきっかけに、子どもとの関係を介して、少しずつ夫婦関係が修復されているようです。例えば、年末年始に子どもがインフルエンザに罹患《りかん》したとき、夫は一緒になって病院を探してくれたそうです。相変わらず、夫は仕事人間ですが、なるべく早く、仕事を切り上げられるよう努力をしているそう。今まで家庭を顧みなかった夫の価値観に変化の兆しが見られるようになったのです。妻はいまだに「離婚してやる」と豪語していますが、その言葉を行動に移す気配はまったくありません。この夫婦が再度、1つ屋根の下で一緒に暮らせる日も、そう遠くないのではないか、私はそう思っています。

格差婚で逆ギレする男の特徴

甲斐性なし男、凶暴化する女、格差婚の意外な共通点?

さて、テレビのワイドショーではひところ元モーニング娘。・矢口真里《やぐちまり》さんの離婚・不倫騒動で持ちきりでしたが、それをきっかけに注目が集まったのが「格差婚」という男女逆転現象。大半の夫婦の場合稼ぎは「夫＞妻」ですが、格差婚の場合「夫＜妻」と立場がひっくり返った特殊なケース。

矢口さんの場合、そのことを承知の上、結婚したのに、結局、離婚したのだからまさに「後悔先に立たず」の典型例でしょう。とはいえ、格差婚は芸能界の珍事ではなく、一般ピープルの間でも増えつつあります。女性の社会進出、男性の草食化という背景に目をやれば当然といえば当然です。

では、格差婚の場合、どのような問題が発生しやすいのでしょうか? 何に気をつければ良いのでしょうか? 私のところには、「夫＞妻」に比べれば少ないですが、「夫＜妻」

のケースの相談も確かに寄せられているので、格差婚の相談内容をまとめ、ご紹介したいと思います。2回に分けてお話ししますが、今回は格差婚における夫の特徴を4つ挙げてみました。

1.「収入が低い＝仕事が上手くいっていない」ということですが、それなのに自分に自信が持てるわけはないでしょう。

だから、妻がいつ、自分に愛想を尽かして離れていくのか、別の男に気移りするのか、不安で仕方がないのです。基本的には被害者意識が強く、「妻の浮気」を疑わずにはいられない疑心暗鬼なタイプ。

そのため、しょっちゅう妻の携帯やパソコン、SNSをチェックしなければ、気が済まないのです。また自己承認欲求が人一倍強いので、妻がなかなかメールの返事をしないと、腹を立て、催促のメールを異常な回数、送りつけてしまうことも。例えば、1日で100件。

2．意外にもプライドが高いので、余計に理想と現実のギャップに苦しんでおり、妄想癖の持ち主。もともと理想は高かったはずなのに、何も上手くいかないという現実。仕事も収入も立場も全然ダメ。理想と現実がかけ離れていると、現実を直視しようとせず、妄想の世界に逃げ込んでしまうのです。

例えば、妻の携帯を詮索し、疑わしいメールを発見すると、鬼の首をとったかのように激しく問い詰めるのですが、そのメールの受信が「結婚前」だとしたら、夫には関係のないこと。それなのに過去のことであれ、現在のことであれ、妻が自分以外の男とイチャイチャしている姿を想像して、激怒するのです。妻が「独身時代のことでしょ」と弁解しても、まったく聞き入れず、結局、妻を土下座させ、携帯の電話帳をすべて消去させ、「結婚前の彼氏と一切、連絡をとらない」という誓約書を書かせたケースも。

3．夫婦喧嘩のとき、先に謝るのは意外にも夫の方。プライドの高い夫が、ためらいなく、頭を下げるのは意外な感じですが、今まで、そうやって生きてきた人間なのです。先に謝れば、言動や態度を直さなくても許されてきたので、その都度、反省することはなく、人間的な成長は止まっており、大人なのに幼稚な発想が抜けきらないというわけ。
単に夫は謝り「慣れている」だけで、そこに気持ちは籠っていないのですが……だから、また同じことが原因で喧嘩が起こるという繰り返し。

4．格差婚と言われること自体、夫にとって腹立たしいけれど、それなのに結婚に踏み切ったのは目先のお金に目がくらんだから。例えば、妻の名前で部屋を借りれば、今まで自分が払っていた家賃分はそのまま、自分のこづかいに。

さらに「生活費を入れる」という約束をしても、「今月は厳しい」と毎月、同じことを言い続ければ、そのうち、妻があきらめて、何も言わなくなるのです。結局、夫の生活費も「妻持ち」に。まるでダダをこねる赤子のよう。

基本的に理想と現実のギャップを、嘘をつき、人をだますことで埋めてきたような人間なので、約束を破ることで、満足感を得ることはあっても罪悪感や後ろめたさは乏しいのです。

格差婚で凶暴化する妻の特徴

矢口だけじゃない？　格差婚でモンスター化する女の特徴

さて、元モーニング娘。・矢口真里さんの離婚・不倫騒動をきっかけに「格差婚」に注目が集まっています。そこで前回は私の過去の相談内容のうち、格差婚における「夫のトラブル」について実例をご紹介しました。そして今回は「妻のトラブル」について取り上げてみましょう。格差婚の場合、どのような問題が発生しやすいのでしょうか？　何に気をつければ良いのでしょうか？　格差婚の妻の特徴を3つ、挙げてみます。

1．収入の格差は、そのまま夫婦の力関係に直結します。

例えば、結婚費用を妻が出している場合、マンションの住宅ローンを妻名義で組んでいる場合、夫婦喧嘩のとき、妻が「誰がお金を出したのよ！　誰のおかげでここに住めると思っているの！」とヒステリックな口調で言えば夫は何も言い返せず、黙りこくるしかない。喧嘩の原因が妻にあっても、です。

このようにお金のことを盾にすれば、問答無用で夫をケチョンケチョンにできるのだから、妻は何の反省もせず、どんどん増長し、調子に乗っていくのは必然。そのうち「何をやってもＯＫ」という空気になり、不倫、浪費、暴力など取り返しのつかないトラブルを引き起こしてしまうのです。何の悪気もなく。まさに「札束で頬《ほお》を叩く」状態。

2．交友関係が広ければ広いほど、仕事が多くなり、収入が増えていくのです。キャリアの女性はこのタイプが多いでしょう。仕事の人脈のなかには当然、男性もいるし、場合によっては「元彼」が含まれていることも。

結婚後もそのまま続いていきますが、何事もなければ、もちろん、仕事関係の男と一線を越えることはないでしょう。しかし、仕事や家庭の悩みで、精神的に追い詰められたとき、どうでしょうか？　たまたま隣にいるのが夫以外の男性だとしたら。そういうシチュエーションが発生する確率は専業主婦の女性より、キャリアウーマンの方が高いはず。たまたま悩みを相談したところから不倫に発展していくのが、よくあるパターン。精神的に不安定だと、お酒は回りやすく、ついつい体を許してしまうことも。

打ち合わせでお茶を飲みに行く、仕事終わりにお酒を飲みに行く、社外研修に一緒に参加する。接点が多ければ多いほど、過ちは起こりやすい。この仕事関係の男たちも、まんざらではないようで付き合ってもいないのに、誕生日にプレゼントを渡してくる輩もいて、妻が勘違いしてもおかしくはないのです。案外、優しくされると弱いのです。実際のところ、男女関係ではない仕事上の男性からもらったプレゼントを、夫がたまたま見つけてしまい、誤解を解くのに苦労したケースも。

3．世間的なイメージでは、夫婦喧嘩で先に手を出すのは「夫」だと思われがちですが、格差婚の場合は逆。妻の方が真っ先にキレてしまうのです。これはどういうことでしょうか？

上司や部下、取引先はある程度、思い通りに操れるけれど、「夫の操縦」はどうでしょうか？　家に帰れば、たいした稼ぎもない夫が待っており、大きな顔をして、自分名義の家に居座っている。家事も育児も手伝わないし、生活費も入れないし、妻の給料で好き勝手、やっている。几帳面で完璧主義の妻は、そんな体たらくを許せるはずもなく、夫の態度、言動を直そうとしますが、なかなか上手くいきません。

妻の性格を考えれば、家庭のことでも、まるで仕事をするかのように事務的に処理できそうなもの。しかし、夫は唯一、思い通りにならない存在でその存在自体が腹立たしく、怒り心頭で我を忘れるほど、逆上してしまう。

例えば、土下座する夫を足蹴《あしげ》にする、ワインボトルを投げつける、力ずくで夫を家から締め出す、など過激なケースも。思い通りに生きてきた人間が、思い通りにならない場面に遭遇すると、パニック状態になり何を仕出かすか分からないのです。

新婚旅行で不倫？　若妻の本性

独身気分で遊びまわる若妻の末路

ひところはこの話題で持ちきりでしたね。そう、元モーニング娘。・矢口真里さんの離婚騒動です。あなたはテレビや週刊誌で目にするたびに、クスクス笑っているでしょう。それもそのはず。不倫の修羅場のエピソードがいくら何でも衝撃的だったのです。

報道によると矢口さんが夫以外の男性を自宅に連れ込んだところ、夫と鉢合わせになり、慌ててクローゼットに逃げ隠れたそうで。あまりにも印象的なので、たちまち失笑の的《まと》と化したのは当然と言えば当然です。

とはいえ、この件を笑い事で済ませても良いのでしょうか？　本当にあなたとは別世界で起きた珍事なのでしょうか？　いかんせん、上記は芸能人の情事なので、ついつい他人事扱いしがちです。「どうせテレビのなかのことでしょ！」と。

しかし、テレビの外の、一般人の世界だって例外ではありません。ここまで嘲笑的なケースは稀《まれ》ですが、不倫という痴話的トラブルはまったく珍しくなく、私のところに来る相談者は20代から50代まで幅広いです。

つまり、あなたがいつ、不倫の加害者（自分が不倫をした）になっても、被害者（自分の配偶者が不倫をした）になっても不思議ではないのです。矢口さんのケースでは、夫が20代、妻が30代ですが、さらに40代、50代まで年齢層を広げ、年代別・不倫の傾向をご紹介したいと思います。

まず20代の既婚男性ですが、不倫のキーワードは「有り余った性欲のはけ口」。例えば、「できちゃった婚」の夫婦の場合。妻が「妊娠中だから無理」「出産で実家に帰るから留守」「子育てで忙しいから、疲れているから嫌」などの理由で性交渉を何度となく断わり続けたら、どうなるでしょうか？

夫はまだ若く性欲が有り余っているので、どうしても我慢できず、妻以外の女性を「やりたい！」という一心で、本能のまま、口説いてしまうというわけ。妻は産前産後、精神的に不安定になっているので「若気の至り」では許されず、赤子を抱えたまま離婚するケースも。

一方、20代の既婚女性ですが、やはり、まだまだ「遊びたい年頃」なのでしょうか？「結婚した」という自覚がないまま、独身時代のように振る舞ってしまうケースばかり。例えば、彼氏を掛け持ちする、いわゆる、二股、三股、四股状態のまま、そのうちの1人と結婚したら、どうなるでしょうか？ 彼氏のうち、夫以外の男性をバッサリ切り捨てれば良いですが、なかなか結婚の事実を告げられず、なぁなぁで付き合いを続けてしまうというわけ。

結婚前後で恋愛のルールは180度、変わるのですが（自由恋愛から不自由恋愛へ）それに気付くのはトラブルが発生してからです。だから、夫のことや新婚生活に飽きたら、平気で別の彼氏に乗り換えるのです。結婚した途端、二股は即、「不倫」になることすら知らずに……不倫だと思っていないから、罪悪感や後ろめたさが乏しいのです。

典型的なのは、新婚旅行の先で夫と喧嘩をしたため、ホテルのトイレに籠って、携帯電話に向かって、愚痴をぶちまけるというパターン。もちろん、電話の先にいるのは、彼氏という名の不倫相手です。

ある男性相談者いわく、妻と一緒にお土産を選んだのですが、それは「不倫相手へのお土産」だったそう。このように独身気分が抜けきらない人妻たちは、いわゆる「成田離婚」の予備軍と言えるでしょう。次回は30代、40代の既婚男性の不倫エピソードをご紹介します。

case9

SNSで愛人募集できるって本当?

誰でも不倫できるネット危険地帯

さて最近、元モーニング娘。・矢口真里さんの不倫騒動をきっかけに「不倫」に注目が集まっています。そこで前回は私の過去の相談内容のうち、「20代の既婚男性、女性の不倫エピソード」を紹介しました。そして今回は「30代、40代の既婚男性」について取り上げてみましょう。なぜ、彼らは妻子持ちなのに禁断の愛に足を踏み入れたのでしょうか?

まずは30代の既婚男性の不倫エピソードですが、この世代は何といってもSNS。SNSとはソーシャルネットワーキングサービスの略で、ネット上の登録制交流サイトのことですが、これを使いこなし、愛人を探し当てる輩が続出しているのです。これはどういうことでしょうか?

今までの不倫は、モテ男とナンパ師しか参入できない独占分野。初対面なのに女性がメロメロになるほどの容姿、そして面識がないのに街角で口説き落とせるほどの話術、そのどちらか、もしくは両方の持ち主だけの特権だったのです。

しかし、ＳＮＳが世間に浸透した結果、どうなったでしょうか？　たいした容姿、話術を持たない一般ピープルも参入可能になったのです。なぜなら、ＳＮＳ内では俳優並みのルックスでなくても女性は返事をしてくれるし、また芸人並みのトークをせずとも、女性と仲良くなることは可能なのだから。

実際、この手の男性が相談に来ると、しばしば驚かされます。見た目は中肉中背でお世辞にも格好良いとは言えず、また話し始めると挙動不審で何を言っているのか分からない……そんな彼が、妻と愛人を「とっかえ、ひっかえ」して遊んでいるのだから。ネットからリアルへのハードルの低さは、昔から存在する、いわゆる「出会い系」のそれと同じです。誰でも不倫できる時代になったのだから、「うちのダンナは大丈夫」と楽観しない方が良いでしょう。

次に40代の既婚男性の不倫エピソードですが、この年代は中間管理職のサラリーマンに絞って見ていくと分かりやすいです。中間管理職は社内の調整役で気苦労は絶えません。上に媚《こ》びへつらい、下ににらみを利《き》かし、左右のバランスもとらなければならないのだから。

だから、人一倍、ストレスを溜め込むのですが、どうしてもストレスのはけ口が必要で、ついつい愚痴の1つや2つをこぼすのは仕方がないでしょう。その中間管理職の苦悩が無意識のうちに「不倫」を誘発するのです。これはどういうことでしょうか?

最もよくある職場不倫のパターンは、40代上司（既婚男性）と30代部下（未婚女性）のカップルです。男性上司が愚痴をこぼすのは前述の通りで、もし、夫婦関係や親子関係が上手くいっていなければ、仕事だけでなく、家庭の愚痴も。

愚痴をこぼす先の相手は誰でも良かったのかもしれません。しかし、女性部下はそう思いません。「わざわざ私を選んで、相談してくれた」と勘違いし、「私に好意を持っている」と都合良く解釈するのです。

この手の女性はいわゆる「行き遅れた」タイプで、恋愛経験が少ない。さらに売れ残ったという現実を直視したくないので、妄想癖がある厄介なタイプ。

男性上司が愚痴をこぼせばこぼすほど、2人の距離は縮まり、恋愛に発展するのですが、特に「妻の不満」を聞かされると、女性部下の妄想はどんどんエスカレートしていき、嫉妬心やライバル心が芽生えるようになるのです。「奥さんより私の方が幸せにできる」と。

そして「いつ奥さんと離婚してくれるの？」と女性部下は略奪愛願望丸出しで迫ってくるのですが、とはいえ、「都合のいい女」を手放したくないので、女性部下には「もうすぐ離婚できるよ」と言い、実際には妻と離婚の話すらしていない……そんな二枚舌を上手に使い分けるというわけ。職場不倫は「不倫」であることに変わりはなく、職場に知られた場合、思わぬしっぺ返しを食らう危険も。

例えば、過去には女性部下を引き離すため、男性上司が左遷させられ、そのせいで降格、減給の憂き目に遭ったケースもあるのです。社内のコンプライアンス（＝法令順守）は年々、厳しくなっており、それは社員同士の恋愛における不祥事も例外ではありません。職場不倫はリスクが高いことを覚悟の上で、後はあなたの自己責任です。次回は30代の既婚女性の不倫エピソードをご紹介します。

case10

人妻を狂わす不倫適齢期

添い遂げるなんてイヤ！　人妻を狂わせる不倫適齢期とは？

さて最近、元モーニング娘。・矢口真里さんの不倫騒動をきっかけに「不倫」に注目が集まっています。そこで前回は私の過去の相談内容のうち、「30代、40代の既婚男性」の不倫エピソードを紹介しました。そして今回は「30代の既婚女性」について取り上げてみましょう。なぜ、彼女たちは「不倫という禁断の果実」に手を染めるのでしょうか？　家庭があるのに、夫と子どもがいるのに、です。なぜなら、やるなら今しかないから、です。これはどういう意味なのでしょうか？

ところで、あなたはきっと「不倫＝遊び」だと思っているでしょう。それもそのはず。不倫の大多数は「遊び」止まりなのだから。

しかし、ごく少数ですが、当初は遊びだったけれど途中から「本気」に変わるケースも。驚くべきは、不倫を遊びで済ませられないのは、30代の既婚女性が多いのです。「すべてを捨てて彼と一緒になりたい」そんな爆弾発言をする女性相談者もいるくらい。

想像してみてください。

例えば、配偶者（夫または妻）と恋人（不倫相手）を比べて、「配偶者＜恋人」だから不倫が始まるわけですが、（もちろん、配偶者＝恋人、つまり、夫も彼も同じくらい好きという人もいますが、それは例外中の例外）とはいえ、「どちらか1人に絞ろう」なんて思うでしょうか？

いや、そんなふうに白黒をつける気にはならないし、万が一、「彼と一緒に再出発したい」と思ったところで、それを具体的な行動に移すなんて夢のまた夢。

だって、彼女がどんなに別れたくても、そんな身勝手な理由で夫は「お互いのために離婚した方がいい」なんて言うでしょうか？

いやいや、むしろ、夫は嫉妬心をむき出しにし、離婚を拒否し続けるでしょう。それなのに一歩を踏み出してしまう……それが30代の既婚女性の「狂気」なのです。

不倫相手と再婚するために夫と離婚する。

なぜ、彼女たちは、そんなに思い切った大胆な行動をとることができるのでしょうか？それは彼女たちに残された時間は長くなく、刻一刻と「再婚適齢期」が迫っているのです。女性という性にとって30代というのは、人生の分かれ道。

例えば、子どもが欲しいのなら、30代のうちに、作っておかなければなりません。また安定した収入が欲しいのなら、30代のうちに正社員として就職しなければなりません。なぜなら、40歳を迎えると妊娠率、就職率はぐっと下がるのだから。

これは一見、未婚女性の「結婚適齢期」のようですが、既婚女性の「再婚適齢期」に当てはめることも可能です。再婚相手の子どもを産むのなら、（子どもが小学校に入学し）フルタイムで働き始めるのなら、「離婚→再婚」はこのタイミングしかないのです。

だから、何かに追われるように、彼女たちは夫に対し「再婚したいから離婚して欲しい」と言い放つのです。夫は自分の人生にとって邪魔者以外の何者でもない。だから、彼女たちには、罪悪感や後ろめたさの欠片《かけら》もないのです。

なお、前述のケースは、特定の恋人がいるので、まだ情状酌量の余地がありそうですがもっと酷いのは、恋人が「不特定」のケース。私のところに来た30代の女性相談者の話ですが、今現在、交際している男性はいないけれど「夫より、もっといい人がいるはず」という理由で、離婚したいと言うのです。

まだ見ぬ「白馬の王子様」と、目の前の夫を比べるなんて、メチャクチャなやり方で当然、夫は激怒したのですが、最終的には「頭のおかしい妻とはやっていけない」と呆れ果て最終的には離婚が成立したのです。

つまり、彼女たちのなかに「結婚したら最後まで添い遂げる」という価値観は存在せず、とにかく「自分らしく生きる」ことが最優先。目の前の男性が「理想の夫」ではなくなった途端、そんな夫と我慢して暮らしていくのは、もう「自分らしくない」。そう気付いたら、彼女たちの行動は早い。

昭和的な全体主義（みんなと同じがいい）から平成的な個人主義（自分らしいのがいい）へ。特に30代以下の女性における価値観の変化が、この摩訶不思議な離婚相談の背景にあるのです。

このように30代の既婚女性にとって、不倫は遊びではなく、本気なのだから世の殿方たちは、思わぬ出火で火傷《やけど》しないよう、くれぐれもご用心あれ。次回は「40代既婚女性」の不倫エピソードをご紹介します。

case11

人生の縛りで人妻が淫乱に？

40代妻の不倫。思春期の子、親の介護、ダメ亭主を捨てて

前回は私の過去の相談内容のうち、「30代の既婚女性」の不倫エピソードを紹介しました。そして今回は「40代の既婚女性」について取り上げてみましょう。なぜ、彼女たちは家庭があるのに、禁断の愛に手を染めたのでしょうか？

40代の既婚女性は人生のなかで最も苦しい時期かもしれません。体力的にも金銭的にも我慢を強いられるのですが、とはいえ、逃げ場もなく、精神的に追い詰められ、最後は「一時の気の迷い」で不倫に走ってしまうのです。まるで救いを求めるかのように。彼女たちに一体、何があったのでしょうか？

例えば、親が40代に差し掛かると、子どもは中学生、高校生の家庭が多いですが、ちょうど入用が増えるお年頃。塾や習い事、予備校や受験など。なけなしの貯金を切り崩し

て、費用を捻出するのですが、せっかくの苦労が報われることはありません。

なぜなら、残念ながら、子どもは反抗期なので親子の間にまともな会話はなく、感謝されるどころか、むしろ、話しかけても無視されたり、逃げられたり、揚句の果てには、怒り出す始末。長い子育てのなかで、一番しんどい瞬間です。


また念願のマイホームを手に入れるのも、ちょうどこの頃。例えば、2人目、3人目の子どもが生まれ手狭になったり、子どもが「自分の部屋が欲しい」と言い出したり、業者の営業マンに「家賃と同じ金額で『一国一城の主』ですよ」と甘い言葉で勧誘されたり……しかし、借家から持ち家に替わると、もう後戻りはできません。

そして彼女をさらに追い込むのは「親の介護」です。夫婦が40代を迎えれば、その親は70歳以上。年老いた両親の衣食住、そして体と心を支えるのは並大抵の苦労ではありませんが、自宅が二世帯住宅で夫の親と同居していれば、介護は不可避です。

ただ、厄介なのは義理の父母より、むしろ、実の父母。手塩にかけて育てたせいか余計に恩着せがましいのです。自分の年金で満足できなければ、お嫁に行った娘に対し「金の無心」をしてくるのです。「息子が受験を控えているから」「住宅ローンの支払で精一杯」そんなふうに援助を断わろうものなら大変。

「誰が産んでやったと思っているの！　あんたなんか産むんじゃなかったわ」など2倍3倍にして、やり返してくるのです。結局、夫に内緒で自分のパート収入から、毎月、両親の口座にせっせと振り込むのですが、両親から「ありがとう」の一言もなく。

このように「思春期の子ども」「持ち家」「親の介護」という三重苦は、40代の既婚女性の人生に『縛り』をかけます。彼女たちは人生におけるストレスのピークを迎えていますが、ところで、夫は「良き相談相手」になってくれるでしょうか？

結婚5年から15年目を迎えて、いまだに夫婦関係が良好なら良いですが、多くの場合、夫はすでに「お金を運んできてくれる人」に成り下がっており、そこに愛情はなく、気軽に相談できるような空気ではないはず。

だからといって、40代の場合、「それなら離婚しよう」なんていう選択肢は存在しません。だって思春期の子どもがいるのに、住宅ローンがたっぷり残った家があるのに、介護が必要なお年寄りがいるのに……すべて捨てて逃げてしまおうなんて到底無理。

もし「何かあれば離婚すればいい」と開き直ることができれば、まだマシですが実際には「何があっても離婚できない」のだから悲惨。開き直りすら許されません。40代の既婚女性には、家庭内に「逃げ場」はないのです。

結局、心身ともに疲れ果てて、我慢の限界を超えれば、家庭の「外」に救いを求めるのは必然。ところで家族は彼女に優しいでしょうか？　夫は？　子どもは？　母親は？　そんな優しくされ「慣れていない」人が少しでも優しくされたら、どうなるか。優しくしてくれた相手が「夫以外の男性」であっても気を許してしまう危険は、かなりあるでしょう。いわゆる「落ちやすい」シチュエーションなのです。

とはいえ、三重苦がある限り、彼女は絶対に離婚できないので、よほどのことがない限り、禁断の愛に深くのめり込むことはありません。次回は「50代男性」の不倫エピソードをご紹介します。

case12

老後は悪妻と？　若い彼女と？

若い彼女と再婚するため熟年離婚したい！　定年前の大英断

前回は私の過去の相談内容のうち、「40代の既婚女性」の不倫エピソードを紹介しました。そして今回は「50代の既婚男性」について取り上げてみましょう。なぜ、彼らは「悠々自適な老後」を妻と一緒に過ごそうとしないのでしょうか？

２０１１年の東日本大震災をきっかけに、彼らからの相談が一気に増えました。なぜでしょう？

この未曾有の災害は人々の価値観や考え方に影響を及ぼしましたが、特に影響が大きかったのは50代男性だったからです。被災地の惨状を目の当たりにすれば、どうしても「いつ何があるか分からない」という不安を感じざるを得ません。

そこで今の自分を見つめ直したとき、「何があるか分からないから、今まで以上に、妻との絆《きずな》を大事にしたい」と思う人「何があるか分からないから、これ以上、我慢して、妻と暮らしたくない」と思う人、その両方が現れ、後者の人が私のところに、離婚の相談をしに来たのです。特に50代の男性は切羽詰まっています。

だって、60歳で定年を迎えたら、退職金が支給されるし、企業年金の支給が始まるし、それまでに「けじめ」をつけたいのだから。また、人生を「逆算」で考えれば、「誰と一緒にいるのが幸せか」を真剣に考えた場合、その答えが「妻」ではない可能性もあるのです。大震災が人生を見つめ直すきっかけになったと言えるでしょう。

とはいえ、離婚は人生における一大決断ですし、50代の場合、20年や30年の結婚生活をチャラにするのだから、一歩を踏み出すのは、そう簡単ではないはず。確かに「悔いのない老後を送りたい」という気持ちは、離婚の動機になり得るのですが、それだけではありません。

彼らは1人でスパッと決めたわけではなく、「相談相手」がいるのです。それは彼女の存在。離婚していないのに、彼女がいるなんて、おかしいと思われるかもしれませんが、善悪はさておき、妻以外の女性と、こっそり「お付き合い」しているケースは少なくありません。

もちろん、離婚前なので、2人の関係は「不倫」で交際相手の呼び名は「愛人」ですが彼にとって彼女は「一番近くにいる存在」。だから、真っ先に「相談相手」になるし、彼女にとって彼の離婚は金銭的にプラスだから、アドバイスを求められれば、当然、離婚を勧めます。特に彼女の方が一回りも、二回りも年下というケースはその傾向が顕著です。

だって妻との離婚、自分との再婚が実現すれば、彼女は彼の財布を握れるだけでなく、先に彼が亡くなれば、財産を相続できる。だから、夫婦が離婚するよう仕向けるのは、ごくごく当たり前の発想です。世の中の中年男性は、「誰と老後を共にするのか」を考えるとき、若い子に鼻の下をのばすだけでなく、彼女たちの腹黒い魂胆を知っておかなければならないし、それを受け止めるだけの器量の大きさが必要でしょう。今回の話は同じ境遇の人が聞けば共感できるでしょうが、それ以外の人は「けしからん」と思うかもしれません。しかし、実際にこのような相談が多数あったという現実はありのまま認識しなければなりません。次回は「50代既婚女性」の不倫エピソードをご紹介します。

case13

危険なセカンドバージン実録

定年前に急増する「妻のセカンドバージン現象」とは？

前回は私の過去の相談内容のうち、「50代の既婚男性」の不倫エピソードを紹介しました。そして今回は「50代の既婚女性」について取り上げてみましょう。なぜ、彼女たちは、少し待てば「悠々自適な老後の暮らし」が待っているのに、過ちをおかしてしまうのでしょうか？

不倫の罠《わな》に陥りやすいのは、専業主婦歴20年、30年の「世間知らずの」奥様たち。今まで夫しか知らず、内の世界だけで生きてきたのに、もし、外の世界で夫以外の男を知ってしまったら、たまたま夫より魅力的な人だったら。

そのチャンスは「子どもが手を離れた」ときにやってくるのです。これはどういうことでしょうか？

彼女たちが50代なら、子どもは20代から30代前半ですから、もう親の手はかかりません。就職し、結婚し、すでに子ども（孫）が誕生しているケースも。ようやく子育てから解放されたのだから、第2の人生をエンジョイしたいのですが、まだ少し早い。

なぜなら、夫は定年退職していないと、まだ退職金や年金を自由に使えないので。例えば、65歳から年金をもらい始めるとして、それまでの間、何をするのでしょう？「老後の足し」にしようと、彼女たちは働き始めるのです。

ところで、社会人経験のない女性にとって、仕事の門戸はなかなか狭い。いろいろ仕事を探した挙句、最後にたどり着くのは、老人ホームです。介護ヘルパーの資格をとり、就職するのですが、ここに思わぬ罠が隠されているのです。

介護施設における1年以内の離職率はなんと39％。実に4割近くの人が、たった1年も仕事を全うできない過酷な労働環境なのです。いわゆる3K（きつい、きたない、危険）

の典型ですが、今まで夫の保護下でぬくぬく生きてきた彼女たちにとっては尚更で、過大なストレスを感じずにはいられません。

さらに老人ホーム特有の事情があります。それは入居者が亡くなること。他の職場では、なかなかお目にかからない「ひとの死」にたびたび遭遇することで、命の危険を感じ、「子孫を残さないといけない」という生存欲求のスイッチが入るのです。50代のオバサンも例外ではないでしょう。

「性欲＝ストレス×生存欲求」という方程式を老人ホームに当てはめれば危険極まりないのですが、彼女たちはそんなところに、まんまと就職してしまったというわけ。だから、早速、同僚の男性職員に誘われるだろうし、彼女もムラムラしているからホイホイ付いて行ってしまうのです。実際、私のところには不倫の相談も多く寄せられますが、そのなかで二番目に多いシチュエーションは老人ホームなのです（一番は病院）。

今でも印象に残っているのは、50代の人妻（施設職員）が老人ホームの所長と男女関係に発展したケース。所長は本気になってしまい、あろうことか、人妻の自宅に乗り込んできたのです。そして夫にこう言い放ったのです。「奥さんを僕にください」と。一方の夫ですが、「うちの家内はお前にはやらん！」と一喝できるほど、心に余裕があれば良いですが、実際には激しく動揺したため、過呼吸を起こし、救急車で運ばれてしまったのです。

今後、高齢化社会が進めば進むほど、同じようなケースは増えるでしょうが、彼女たちは夫を支えるために働きに出たのに、その涙ぐましい努力が裏目に出るのだから、本当に皮肉なものです。

case14

不倫しやすい女の４つの特徴

妻子持ちの男でも口説ける！　ハレンチ女子の４つの特徴

ちょっと思い出してみてください。

飲み会で男性とすぐに仲良くなり、打ち解け、場合によっては解散の後、２人でホテル街の闇に消えていく……そんな女性はあなたの周りにもいるのでは？

もし、男性が妻子持ちだとしたら、単なる「軽々しい女」という次元を飛び越えて明らかな不倫です。ところで、私が日々、不倫の相談を受けるなかで、この手の「不倫しやすい女性」の特徴が見えてきたので、本日はその特徴を４つに分けてご紹介したいと思います。なお、ここで挙げるのは未婚女性のことで、既婚女性（ダブル不倫）は割愛しています。

■1：サービス残業や長時間労働が蔓延《まんえん》する〝ブラック企業〟に勤める女性

基本的に、充実した人生を送っている女性は不倫をしにくい。逆に、強いストレスや不満を抱えている女性は、カモにされやすいといえるでしょう。サービス残業や長時間労働が蔓延するブラック企業に勤める女性はその典型です。

劣悪な労働環境で強いストレスに晒《さら》されると、人は心の拠りどころを求めるもの。目の前の男性が既婚者でも、ちょっと優しくされただけで、クラッと来てしまうのです。

■2：両親と折り合いが悪いなど家族仲が悪い女性

両親と喧嘩しているなど、家族仲が悪い女性も不倫をしやすい。そのなかでも、実家暮らしの人は特にリスクが高いといえます。

両親との折り合いが悪い女性のなかには、「早く結婚して両親から独立したい」と焦っている人が少なくありません。〝結婚〟とは本来、生涯をともにしたいパートナーが見つかったときにすべきですが、彼女たちにとっては一種の逃避手段です。

とはいえ、男性が妻子持ちですから、一筋縄にはいきません。それなのに「家内と離婚の話を進めているよ。早く結婚できるといいね」などと彼に言われると、その言葉を鵜呑《うの》みにし、いつまでも待ってしまうのです。

3：友達が少なく交友関係が狭い女性

友達が少なく交友関係が狭い女性も、不倫をしやすい。交友関係が広い女性であれば、周囲の不倫経験者が多いので、例えば、既婚であることを隠して口説いてくる男性がいても、「何かおかしい」と勘付くことができます。

また、「何かおかしい」と感じたときに、友達に相談することもできます。悩んでいるあなたを見て、「その男はヤバイよ」と友達が忠告してくれることもあるでしょう。逆に、友達が少なく交友関係が狭い女性だと、男性の言葉が嘘八百でも、まんまと鵜呑みにしてしまうのです。

■4：人間関係において距離の測り方が苦手な女性

不倫しやすい女性の特徴として、人間関係の距離感がつかめないという点も挙げられます。自分から人に働きかけて、友達を作るのは苦手なのですが、少しでも親しくなった人に対しては、心を許し過ぎてしまうのです。だから、普通の恋愛と比べ、体を許すのは早く、結局、体目的の既婚男性に遊ばれてしまうというわけ。

ここまで不倫しやすい女性の特徴を4つ、挙げてきましたが、もしも、彼女たちが心に余裕を持ち、平常心を保っていれば、既婚男性にホイホイ付いていくことはないでしょう。

しかし、目の前に解決できないような（仕事や人間関係など）トラブルや問題が現れたら話は別です。それに悩まされ、精神的に追い詰められたり、気持ちが弱っているときは、どうでしょうか？

「誰かにすがりたい」という衝動にかられやすい。ここで紹介した4つの特徴はそんな女性の特徴だと言い換えることもできるでしょう。とはいえ、「自分は大丈夫」と楽観視するのは危険です。なぜなら、誰しも、1つくらいは当てはまるのだから。

第2章

イマドキの離婚事情

case15

年金分割が始まったのに熟年離婚が増えなかった理由

年金分割で熟年離婚は増加？

3組に1組の夫婦が離婚する時代です。特に熟年離婚と呼ばれる30年、40年と連れ添った夫婦が離婚するとなると問題山積で当事者はあっぷあっぷ。長年の蓄積を清算するのは大変な作業ですが、どうしたら良いのでしょうか？　今回は「離婚時の年金分割制度」についてご紹介します。

年金で勘違いしやすいポイントは3つあります。まず1つ目はすべて対象という誤解です。離婚年金分割の対象は厚生年金と共済年金のみ、国民年金、企業年金、年金保険は対象外です。

これは婚姻期間中に納めた厚生年金、共済年金の最大2分の1を分割する制度です。按分割合は自由に決めることができます。通常、年金は夫＞妻なので、夫が納めた年金を妻に分割しますが、男女平等なので、夫⇔妻なら、妻が夫に分割するケースも。

この制度が画期的なのは離婚時に手続をすれば、65歳時に何もせずに、分割した年金が「国から振り込まれてくること」(ただし裁定請求は必要)。今までは元夫が自主的に元妻に振り込まなければならず、あまり現実的ではなく、年金はあきらめるしかなかったのです。

よく相談者が間違えるのは、年金分割は熟年離婚の場合しか利用できないという誤解。実際は婚姻期間に関係なく利用可能。もちろん、年金の納付期間が短ければ、メリットは少ないが財産がまったくないケースでは、「やらないよりマシ」だから年齢に関係なく、勧めた方が良いのです。

２つ目は試算の重要性です。「年金分割のための情報提供通知書」を発行してもらい、見込額を知った上で老後のキャッシュフロー表を作りましょう。厚生年金の場合は年金事務所で、共済年金の場合、共済組合では無料で発行してくれます。ここでは分かりやすく、夫が妻に年金を分けるというケースに絞って見ていきましょう。

「年金を分割することで65歳からもらう年金が夫より妻が多くなってはいけない」というルールがあります。これは共働きの場合に起こる現象ですが、どんな場合でも、このルールに抵触していないことを証明する必要があります。

この書類を取得する理由は何でしょうか？

ルールに違反していないか、そして老後の生活設計を試算するためです。年金事務所（共済組合）に申請書と戸籍謄本を提出すれば、無料で発行してくれます（2〜3週間待ち）。50歳以上だと、具体的な試算を発行してくれる。ただし、これは現時点で年金をもらった場合の試算です。まだ今後も年金を納めていくので、金額は変動していきます。

3つ目は年金の見込みと離婚の是非です。分割できる年金が少なすぎて、生活の目途が立たない場合、それでも離婚すべきか、どうかです。年金分割が始まったのに離婚件数は増えなかったのですが、なぜでしょうか？　それは妻が夫の年金をもらったところで、結局、離婚しても生活が成り立たないから。試算すると、そのことが明らかになり、離婚への歯止めになったのです。

例えば、離婚しない場合、夫婦の実入りは夫の収入＋夫の年金＋妻の収入＋妻の年金ですが、今までの生活水準を維持することができます。

一方、離婚する場合、妻は妻の収入＋妻の年金＋夫の年金の2分の1で自分1人が生活しなければなりません。一方、夫は夫の収入＋夫の年金÷2で自分1人が生活しなければなりません。後者の場合、二重生活になるので生活費や家賃は約2倍になるのでその分、負担は重くなるのです。

しかも最近は晩婚化、高齢出産の増加で、夫婦が60歳でも子どもが大学生というケースもあり、そうすると、限られたお金のなかで、夫はどうやって養育費を払うのか、妻は子どもを育てるのか。それも熟年離婚のハードルを高める一因になっています。

case16

理論武装せず「離婚だ！」と激怒した夫の悲惨な末路

離婚を拒む妻の3パターン

何年、何十年もの長きにわたり、妻の尻に敷かれ、「のけ者」扱いされてきた夫。ようやく覚悟を決め、妻に離婚を切り出したものの、あっさりと断わられ、あえなく撃沈。あなたもそんな悲惨な経験をした記憶があるのでは？　それもそのはず。誰だって夫婦喧嘩の末、「離婚してやる！」と口走ったことは、1度や2度はあるのです。

「離婚」があくまで売り言葉に買い言葉に過ぎず、あなたのなかで真実味、現実性、真剣度がゼロなら、私も「ああ、そう」で終わらせますが、一方でもし、心の底から「妻と別れたい！」と願っており、本当に「離婚」という果実を手に入れたいのなら、それ相応の準備が必要です。それは種をまかないと果実が生《な》らないのと同じです。

離婚における「種まき」とは一体、何でしょうか？　それは想定問答集を作っておくことです。具体的には妻が「○○」と言ってきたら、あなたが「××」と言い返そう。そんな『一問一答形式』を用意しておくのです。

想像してください。想定問答集を作らず、離婚を切り出したら、どうなるでしょうか？　妻が「私も離婚したいと思っていたのよ」と二つ返事で返してくることはまずないと思っておいてください。間違いなく、最低1度は、妻に「断わられる」と覚悟した方が良いでしょう。

そんな絶体絶命の場面において、もし、あなたがアドリブを駆使して、ノーと言っている妻に「イエス」と言わせることができるのなら、私はもう何も言いません。しかし、実際はそうでしょうか？　仁王立ちする妻を目の前にして、臨機応変に振る舞うのは、至難の業です。結局、「いや、何でもない……」と声を絞り出すのが精一杯で、せっかくの直談判は不調に終わるのがオチです。

しかし、前もって想定問答集を用意しておけば、結果はどのように変わるでしょうか？

もし、妻が口にした「離婚したくない理由」が想定の範囲内なら、あなたは妻の言い分が「離婚したくない理由として成り立たないのだ」と即答し、「なぜ、成り立たないのか」をズバッと突きつけ、妻をギャフンと言わせる……それは最も上手くいった場合の話ですが、「その場しのぎのアドリブ」と比べれば、だいぶマシでしょう。

実際、「出たとこ勝負」で、しくじった後、「しまった!」と真っ青になり、うじうじと後悔しても、後の祭りです。だったら、前もって準備し、練習し、自信をつけてから、本番に臨んだ方が良いのでは?

私はそう思いますが、あなたはどうでしょうか? もし、私と同じように考えるのなら今日は「想定問答集」の作り方を一緒に考えていきましょう。まず過去の相談実例をもとに、妻がなぜ、離婚に応じないのか、「離婚したくない理由」の想定パターンを用意します。次に妻が実際、「離婚したくない理由」を口にしたとき、「どのように切り返せば、離婚の同意を得られるのか」を、妻の視点、立場、心理を踏まえながら、『答え』の部分を考えていくという流れです。

ところで、妻はなぜ、離婚に応じてくれないのでしょうか？「離婚したくない理由」の中身は一体、何なのでしょうか？

今まで私が受け持った「男性の離婚相談」を振り返ってみると、次の3つの理由がズバ抜けて多いことが分かりました。具体的には「経済的に不安だから」「子どものため」「世間体が気になるから」の3つですが実際、離婚の修羅場で、妻がそのように反論してきたら、あなたはどう言い返せば良いのでしょうか？　順番にご紹介していきましょう。

case17

専業主婦は「離婚したら、やっていけない」って本当?

専業主婦の妻と別れたい人へ

さて前回は「妻が離婚に応じない理由」として「経済的に不安だから」「子どものため」「世間体が気になるから」の3つが多いというお話をしました。具体的に見ていきましょう。

まず1つ目は「経済的に不安だから」です。例えば、妻が専業主婦の場合の話。夫婦が離婚した場合、もう2人は赤の他人。妻が夫のお金に頼るなんて許されず「自活」しなければなりません。例えば、妻は夫の扶養から外れるので、健康保険や国民年金の保険料は妻の負担になりますし、賃貸住宅に引っ越せば、毎月の家賃だってそうです。もちろん日々の生活費も自分で何とかしなければなりません。

一方、離婚しない場合はどうでしょうか? 今まで通り、夫の財布を握り続けることが可能です。例えば、妻の健康保険や国民年金の保険料は夫の給料から天引きされます。

また家賃ゼロで夫の家に居座ることができ、さらに夫の給料を日々の生活費に充《あ》てた後、残ったお金は「妻のこづかい」なのです。まさに「三食昼寝つき」状態ですが、妻が夫の「お金」にべったりと依存していたら「離婚しない方」を選ぶのは必然です。少なくとも、お金の面では、現状維持の方が得策でしょう。多少、夫に不満があっても、我慢して結婚生活を続けた方が。

誰しも「離婚」に対し、不安なイメージを持っています。それもそのはず。離婚する前と後とでは、すべてが180度、変わってしまうのだから。不安の中身は人それぞれですが、やはり、「お金の不安」は常に付きまといます。「離婚したら、やっていけるかどうか」、妻はそんなふうに自問自答を繰り返すわけですが、その結果「やっていけない」という答えを出しているうちは、離婚する方向に話を持っていくなんて100%、いや120%、無理です。

では、どうしたら良いのでしょうか？

そもそも、妻はなぜ「離婚したら、やっていけない」と結論付けたのでしょう？　それは「お金の不安」で頭がいっぱいだから、です。だからこそ、あなたの力でその不安を解消してあげれば「いっちょあがり」です。自問自答の答えは、きっと正反対の方向にひっくり返るでしょう。「離婚しても、やっていける」と。

ところで、不安というものは、抽象的で、曖昧《あいまい》で、漠然としている場合、余計に恐ろしく感じるようです。なぜなら、不安の「正体」が見えないと勝手な思い込みで錯覚を起こし、本当は小さいかもしれないのに、実物以上に大きく感じ、そのせいで不安が倍増してしまうのだから。

この譬《たと》え話は離婚を目前にした、妻の心境と似ているのでは？　離婚後の生活について、妻は「何となく怖い、恐ろしい、不安だ」と思っているだけ。妻はきちんと自分で動いて、調べて、計算して、不安の中身を知ろうとしたのでしょうか？

例えば、どのくらい稼げる仕事があるのか、新しい住居の家賃はいくらなのか、引越費用や新しい家財等の購入費、敷金礼金はいくらなのか、夫婦の貯金はいくらあるのか。いや、何もせずに「よく分からないけれど、とにかく、すごく大変そうだから、そんなのは嫌だ」とダダをこねているだけなのです。だったら、あなたが不安の中身を暴露してあげましょう。具体的な数字を示し、妻に「思っていたよりも、不安は大きくない」と思わせることができれば大成功です。

case18

いくら渡せば離婚してくれるの？　別れ際の理想と現実

いくら金を積めば離婚できる？

さて前回は「経済的に不安だから」という理由で離婚に応じない妻の言い分について検証してきました。具体的な数字を示し、「不安の正体」を明らかにすることが大事ですが、具体的に何をすれば良いのでしょうか？　順番に見ていきましょう。

まずは離婚後の生活において、妻にお金がいくら必要なのか、支出の内訳を積み上げてその合計額を割り出します。その次は妻の収入を予測し、さらに「妻の収入－支出」の差額を計算しますが、必ずマイナスが発生するはずです。

だから、あなたがそのマイナス分を何らかの形でバックアップし、離婚後の生活における収支がプラスマイナスゼロになるよう工夫をするのです。例えば、離婚するときに、夫婦の財産のなかから、まとまったお金（一時金）を妻に渡す、離婚後も毎月、生活費を援助する、妻が安定した収入を得られるよう就職の手伝いをする、離婚後のアパートを夫の名前で契約し、家賃を夫が負担する、などです。

ところで、もし、あなたが億万長者なら、話は簡単すぎます。金に糸目をつけず、「妻の言い値」を丸飲みし、言われるがまま、お金を渡せば良いのです。とはいえ、世の中の99％は一般ピープルです。あなただって、そうでしょう。どうしても収入や財産、支払能力やコネは限られていますが、万が一、あなたが見栄を張って、調子に乗って、早く楽になりたいがあまり、ついつい無理な援助を約束してしまい、離婚後、あなた自身の生活が立ち行かなくなるのでは困ります。

妻が欲しい金額と、あなたが払える金額。具体的な金額は、各家庭によりけり、ですので個別に計算してみる必要がありますが、1つだけ言えるのは、今現在だって、妻と同居し結婚生活を送り、妻を扶養しているのだから、それ相応のお金を妻のために使っています。

それは離婚後も同じでしょう。ただ、少し異なるのは、夫は夫、妻は妻で、別々に暮らし始めれば、家賃や公共料金、食費や日々の生活費は、離婚前に比べ、少し増えるのは間違いありません。つまり、妻が高望みをせず、離婚前と同じ生活水準を維持すれば、夫から妻へのお金の援助は、無理のない常識的な範囲におさまるはずです。

「経済的に不安だから、離婚しない」

あなたが勇気を振り絞って離婚を切り出しても、妻はあなたの気持ちを受け止めることなく、離婚の話を一蹴することでしょう。そして、無神経にズケズケと、そう言い放つでしょう。

しかし、今日の話を参考に、離婚後の生活における「お金の不安」を取り除くべく具体的な数字、そして援助の内容を明らかにすれば、もう大丈夫です。妻はもはや、グウの音も出ないでしょう。

case19

「子どものために離婚しない」は本当に正しいのか?

子どもを人質に離婚を拒む妻

さて以前は「妻が離婚に応じない理由」として「経済的に不安だから」「子どものため」「世間体が気になるから」の3つが多いというお話をしましたが、次は2つ目の「子どものため」について詳しく見ていきましょう。

これは夫婦の間に未成年の子がいる場合の話。子連れ離婚の場合、親権の決定は必須です。親権とは子どもを引き取る権利のことですが、離婚届には「親権者」の欄があり、父親、母親、どちらかを選ばなければ、役所は受理してくれないのです。ところで厚生労働省の統計によると、母親が親権を持つケースが全体の8割を超えているようです。

だから、離婚したいのなら、夫は「子どもを失うこと」を覚悟しなければならないのです。厳しいことを言うようですが、それが現実なので目を背《そむ》けるわけにはいきません。もちろん、残り2割の家庭では父親が子どもを引き取るのですが、そのテクニックは今日の話の本筋ではないので、差し控えさせてください。

「離婚できるのなら、子どもをあきらめても構わない」今回はそんな男性（夫）に絞り、話を進めていきますが、そもそも「子どもを失う覚悟」を妻に示したところで、妻はそう易々《やすやす》と離婚にOKしてくれるでしょうか？　いや、そんなことはありません。むしろ妻は余計に態度を硬化させ、耳をふさぎ、ヒステリックな反応を起こすはず。「子どものことをちゃんと考えてくれないの！　そんな薄情な人の言いなりになりたくない！　離婚するわけにいかないわ！」と。

とはいえ、妻の言い分はあながち間違いではなさそうです。夫婦が離婚し、妻が子どもを連れて出て行けば（もしくは夫が出て行き、妻と子どもが残れば）子どもは父親（夫）と離れ離れにならざるを得ません。離婚しても多少なり、父親と会う機会はあるでしょうが（父親参観、入学式、卒業式など）親権を持っていない以上、かなり限定されます。だから、子どもにとって「離婚＝父親を失う」と言っても過言ではないのです。

誰だって、子どもを育てるのに、片親より両親の方が良いと思うでしょう。父親という存在が欠けることで、子どもの情緒や人格形成に悪影響が出るかもしれません。「どちらの親に付いて行くのか」。子どもが自分の気持ちを言える年齢なら、まだしも、物心がつく前ですと、その影響は深刻です。だって、子どもは自分が望む、望まないに関係なく、知らぬ間に「父親との離別」を余儀なくされたのだから。そもそも離婚すること自体「親の都合」なのは言うまでもありません。

「子どもに寂しい思いをさせたくない」、妻にそう言われたら、夫は何も言い返せないでしょう。だから、表現は悪いですが「子どもを人質にとる」のは、離婚を回避するための有効なテクニックになり得るのです。

case20

子どもの前だけ「おしどり夫婦」ってどうなの？

仮面夫婦を演じる妻の本音

さて前回は夫が妻に離婚を切り出したけれど、妻が「子どものために離婚しない」と言いだし、話が止まってしまった……そんなケースをご紹介しました。

少し考えてみてください。

妻は「夫婦は離婚しない方が『子どものため』」だと言い、もはや異論をはさむ余地はなさそうですが、本当にそうなのでしょうか？

もちろん、父親と母親が「おしどり夫婦」で円満な家庭を築き、良好な関係を継続していれば、確かにその通りでしょう。お互いが尊敬し合い、信じ合い、助け合う……そんな理想的な両親なら、子どもがどちらか一方を失うなんて馬鹿げています。

しかし、実際はどうでしょうか？

今日のお題は「離婚」です。前述のような夫婦が離婚するはずはありません。離婚寸前の夫婦は、まったく逆なのです。家庭はボロボロで、夫婦の間に信頼関係は存在せず、お互いがお互いを罵り合い、悪口の応酬を繰り返し、何か困ったことが起こっても「助けてあげよう」なんて思わず、無視を決め込むのです。世の中には、離婚間際の夫婦ほど最低最悪の人間関係はない、と言っても言い過ぎではないでしょう。「夫婦喧嘩は犬も食わぬ」とは、よく言ったものです。

しかも、離婚の危機を迎えた夫婦がやり直すのは、相当に難しいです。夫婦関係を修復するのなら、お互いの努力が必要ですが、妻は「子どものため」に、急場をしのぐため、今までの言葉、態度、考え方などを悔い改め、改善しようと努力するでしょう。

一方、夫はどうでしょうか？　離婚する気満々だったのに、妻がＯＫしてくれず、肩透かしを食らったような形です。「離婚したいのに、妻のせいで離婚できない」、そんなふうに嫌々、結婚生活の継続を余儀なくされた人間が「やり直すための努力」をするでしょうか？　いや、何もしないでしょうし、むしろ、関係を修復しようと頑張っている妻の邪魔ばかりするはず。

だから、夫婦関係は最悪のまま、現状維持できれば、まだマシな方で実際には悪化の一途をたどるのです。まさに「無間地獄」そのものですが、厄介なのは、妻が「それでもいい」と割り切っていること。とにかく離婚さえ避けられれば、夫が「空気のような存在」でも性生活が冷え切り、何年もの間、セックスレスでも、子どもの前だけ「仮面夫婦」を演じようとも……それでも構わないと。

夫が離婚を考えるほど、夫婦間は険悪なのに、無理して結婚生活を続ける……それが妻の言うように、心の通じていない両親のもとで育てられることが「子どものため」に良いのか悪いのか。その良し悪しをちゃんと検証してみる必要があります。

case21

夫婦の負のオーラを子に感染させない、たった1つの方法

子どものための離婚回避は最善?

さて前回は、夫が妻に離婚を切り出したけれど妻が「子どものために離婚しない」と言い出し、話が止まった場合、一時的に離婚を回避できても、夫婦仲はますます悪くなるというお話をしてきました。今回は夫婦の仲と子どもへの影響について考えていきましょう。

まず夫婦関係が悪化すればするほど、夫婦間の喧嘩、言い合い、いがみ合いの回数は、それに比例して増えていくでしょう。妻がいくら「子どもの前ではやめて!」と静止したところで、あまりにも頻繁に起これば、隠し通せるものではありません。「だましだまし体裁を繕《つくろ》う」には限界があります。

だから、遅かれ早かれ、父親と母親の「醜さ」は、子どもの目に映し出されますが、いかんせん子どもは敏感です。ずっとずっと前から、両親の仲が悪いことくらい、２人の空

気を読んでうすうす察していたでしょう。とはいえ喧嘩の現場なんて見たくなかったはず。

結局、予感が「悪い方」に的中したのだから、そのショックは計り知れないほど大きいのです。それだけではありません。もし、父親（夫）がほとんど育児に関与せず、子どもとの間に会話がなく、日々の生活のなかで接点を持っていないのなら、多少なり、そのショックは軽減されるでしょう。だって、子どもは母親をかばい、父親に対し、敵対心をむき出しにすれば良いのだから。その思考回路は単純明快で、余計な迷いは生じません。諸悪の根源を父親に押し付ければ、ある程度、気持ちの整理はつくのだから。

一方、父親が育児に協力的で、子どもとも仲が良く、子ども自身も「パパが好き」だと口にしている場合は、どうでしょうか？　そのショックはむしろ倍増します。だって、父親だけをかばうことも、母親だけの味方をすることもできず、結局、「どっちつかず」の態度をとるしかないのだから。その思考回路は複雑怪奇なので、子どもはただでさえパニック状態なのに、そのせいで混乱に拍車がかかるのです。

さらに「子どもが思わず、顔を背けてしまう光景」は夫婦喧嘩だけではありません。夫婦があまりにも不仲だと、結婚生活が長引けば長引くほど、夫はもちろん、妻も精神的に不安定になり、心のバランスを崩していきますが、子どもの前で突然、怒り出したかと思えば、急に優しくしたり、子どもの心が離れそうになったら物（玩具など）で釣ってみたり、「しつけ」と称して子どもに平手打ちを見舞ったり、揚句の果てには、自分の部屋でめそめそと泣き崩れたり……そういった「親の豹変」を目の当たりにし、子どもは心を閉ざしてしまうのです。

その結果、子どもは精神的に不安定になり、これでもか！　というほど、夫婦や子どもに災いが降りかかるのです。例えば、家庭内では子どもが突然、泣き出す、わがままを言う、食事が喉を通らない、夜遅くまで寝付けない、など。また家庭外では、勉強に集中できず、学校の成績が落ちる、友達と喧嘩をして親が学校に呼び出される、塾や習い事をサボる、学校でいじめに遭い、不登校になる、などです。

これらは、あくまで一例ですが、離婚寸前の夫婦なら、いくつか心あたりがあるはず。子どもにとって両親（夫婦）の不仲は完全な「とばっちり」で、たまったものではないのです。

case22

子どものために離婚しない？　それなら別居すると言われたら

別居と離婚、有利なのは？

さて、世の中には、夫が離婚したがっているのに、「子どものため」と言い、離婚を拒否する妻は非常に多いのです。それは妻の本音であり、一方で「『子どものため』と言えば、夫は言い返せないはず」という魂胆も見え隠れします。

もし、妻が「子どものために離婚しない」と言えば何とかなる、と思っていたら、それは大間違いです。この手の離婚回避テクニックは、目の前の現実に即しておらず、長い目で見れば、単なる一時的な「その場しのぎ」に過ぎません。「離婚しない。夫婦関係も修復しない」というやり方は詰まるところ、問題の先送りでしかないのです。根本的な問題（夫婦関係）にメスを入れない限りは。とはいえ、夫の離婚の意志が固ければ、それすら無理なのです。これはどういうことでしょうか？

前述の通り、夫は「これほど夫婦関係が悪いのだから、離婚しかない」と思っていますが、それなのに離婚を切り出した後、同じ屋根の下で、妻と一緒に、何食わぬ顔で暮らしていくなんて可能でしょうか？　いや、精神的に耐えられないでしょう。同じ空気を吸うなんて虫唾《むしず》が走るでしょう。だから、夫は『離婚が成立していなくても』勝手に家を飛び出すのです。そして子どもは「父親という存在」を失うのです。だから、夫婦が別居状態に至るのは、遅かれ早かれ、避けられません。妻の頭のなかから「離婚せず、別居する」というパターンが抜けて落ちているから、「子どものために、離婚しない」という言い分で丸くおさまると勘違いするのです。

同居している夫婦が、同居しながら離婚の話を進めていき、最後は離婚に至る……離婚への道のりは、そんなに平坦ばかりなのでしょうか？　いや、実際は山あり谷あり、です。あくまで経験則ですが、「同居→別居→離婚」という経緯をたどるケースの方が圧倒的に多い。どちらか一方、もしくは両方が出て行き、そして離婚の話を再開するのです。

一方、離婚の話をしているのに、それ以外の時間は、平気な顔で寝食を共にする……そんな人はかなり稀です。

つまり、夫から離婚を切り出された時点で、妻は「別居」を覚悟しなければならず、また「離婚するパターン」も「離婚せず別居するパターン」も、子どもにとって『父親を失うこと』に変わりはないので、もはや、「子どものため」は離婚したくない理由として成り立たないのです。

case23

夫と妻は距離をおいて「子の父と母」として再出発しよう

離婚すると景色が変わる理由

夫婦が正式に離婚したら、何がどう変わるのでしょうか？　今回は「子どもにとってどうなのか」という視点で話を進めていきます。

離婚前は夫と妻は一緒に住んでいたけれど、離婚後は別々に暮らし、離婚前「何かあれば」すぐに電話やメールで連絡をとりあったけれど、離婚後は「どうしても」という場合しか連絡をせず、お互い顔を見たくないので、直接、会う場面はほとんどないでしょう。また妻（母親）が親権を持ち、子どもを引き取った場合、夫（父親）は子どもと自由に会うことはできず、せいぜい毎月1、2回が限度です。

離婚前は、夫婦喧嘩の現場を子どもが目撃してしまい、子どもがショックを受けるという悲惨な出来事がたびたび、起こっていましたが、離婚後はどうでしょうか？「元夫婦」

同士が面と向かって喧嘩をする確率は相当に低く、さらに子どもがたまたま現場を目撃する確率はさらに低いでしょう。

もし、元夫婦が喧嘩をするとしたら、電話やメールに限られますが、元夫婦が電話でやり合っている場面に子どもが遭遇したり、子どもが母親の携帯電話を盗み見する確率は、もっと低いはずです。万が一、父親と母親の不仲を、離婚後、子どもが目の当たりにした場合、多少のショックを受けるでしょうが、「どちらの味方をしたらいいのか」という迷いは生じません。なぜなら、未成年の子どもは親権者なしでは生きていくことはできず、絶対に見捨てられるわけにはいきません。子どもには「母親の味方をする」という一択しかなく、だからこそ、思考回路は単純明快なので、ストレスは最小限にとどまるのです。

また離婚前は、夫はもちろん、妻も精神的に不安定なので、そのせいで子どもにつらく当たってしまい、子どもを傷つけるという可哀想な出来事がしばしば起こっていましたが、離婚後はどうでしょうか？

夫と妻の間に一定の距離を置くことで「景色が一変した」と証言する相談者は多いです。気持ちが落ち着き、精神的に安定し、心の平和を取り戻すことができるそうです。確かに離婚したらしたで苦労は絶えないのですが、とはいえ、もう元夫（元妻）に悩まされることはないので、それが大きいのです。

今までは元夫（元妻）の醜態が目に入るので、注意をしたい！　文句を言いたい！　愚痴をこぼしたい！　という負の感情に支配されがちでしたが、ようやくマイナス思考から解放されたのです。だから、妻は毎日、何かに怯え、気にかけ、心配しながらビクビクすることなく、平和で安定した生活を送ることができるので、もう、子どもの前でめそめそと泣き始め、子どもになぐさめてもらう必要もないのです。

case24

なぜ別居では離婚ほど気楽になれないのか？

別居夫婦がキレやすい事情

ところで、「子どものため」という視点で考えた場合、別居と離婚の違いは何なのでしょうか？

夫婦が同居しているときに比べ、別居すれば、また離婚すれば（元）夫婦喧嘩の回数が激減するので、そういった意味では、別居も離婚もたいして変わらない、そう思われるかもしれません。だから「子どもに両親の不仲を知られたくない」という切り口では妻を離婚するよう説得できず、結局、別居という折衷《せっちゅう》案で済まされ、結論を先送りにされるのではないか、と。

しかし、そんなことはありません。離婚と別居は大違いです。精神的に不安定なままか、安定するかという意味では。例えば、夫が離婚したい、妻はどちらでもいいという場合。夫婦が別居しても、夫は妻に対し、引き続き、「離婚したい」と言い続けるでしょう。離婚できるまで。そして妻はずっと聞かされ続けるのです。離婚に応じるまで。

常識的な範囲なら、電話はかけ放題、メールは送り放題、夫が妻の別居先を知っていれば、いつ押しかけてくるか分かりません。せっかく別居して距離を置いたのに、夫からいつ電話がかかってくるか、メールが届くか、訪ねてくるか、妻は不安で不安で仕方がないでしょう。夫の影におびえながら生きていくのは大変な苦痛で、日々、ストレスは蓄積されていき、最終的には、そのはけ口を求めてしまうのです。

そして妻（母親）は「不安定な言動」を露呈し、子どもを悩ませるのです。これでは別居前（同居時）と何も変わらないので、「子どものために『別居する』」なんて戯言《ざれごと》でしかないのです。一方、離婚した場合はどうでしょうか？　当然のことながら、夫が「離婚して欲しい」と言ってくることは、もうありません。また最低限の連絡を除けば、夫との接点はなくなるので、もう携帯電話を片手に「いつ電話がかかってくるか、メールが届くか」とビクビクする必要はありません。だから、妻は子どもの前で恥ずかしい姿を晒し、子どもに余計な心配をさせずに済むのです。

夫婦にとって、離婚とは「最後のけじめ」に相当しますが、別居では代用できないのでしょう。別居の効用は夫婦喧嘩の減少だけですが、離婚の効用は「夫婦喧嘩の減少＋妻の精神的安定」の2つあるのだから、どちらが「子どものため」なのか一目瞭然です。

だから、離婚に応じない妻に対し、「中途半端に別居するよりは、きちんと離婚した方が、むしろ子どものためなんじゃないか」と切り返すのが効果的なのです。

case25

「離婚＝親を失う」をカモフラージュすれば説得できる

「離婚＝子を失う」覚悟はあるか？

前回は夫が妻に離婚を切り出したけれど、妻が「子どものため」と言い、離婚を拒否された場合、本当に離婚しないことが「子どものため」なのかどうか、むしろ、離婚した方が「子どものため」なのではないか。特に離婚のプラス面について事細かにお話ししてきました。

とはいえ、両親の離婚が子どもにとって100％プラスと言い切るのは、かなりの暴論で、それなりのマイナスはあります。例えば、両親が離婚し、母親が親権を持てば、父親と子どもは離れ離れになり、定期的に面会したり、電話やメールでやり取りをしても、やはり、同居していた頃に比べ、物理的にも心理的にも、距離が広がってしまうのは事実です。また離婚から時間が経過すればするほど、子どもは新天地での生活に慣れ、学校や地域の行事、習い事や友達との約束などで忙しくなり、父親と面会したり、連絡をとるという機会はどんどん減っていき、どうしても疎遠になりがちです。

もし、父子間の接点がゼロになった場合、それは子どもにとって「父親という存在を失う」も同然です。そのような現実は、夫の側では如何《いかん》ともしがたく、どう足掻《あが》いても、否定しようがありません。まさか離婚の話し合いのなかで「父親がいなくても大丈夫」なんて口が裂けても言えないでしょう。

ここで大事なのは、プラスだけ、マイナスだけに焦点を当てるのではなく、プラスとマイナスを比較し、その優劣を妻に判断させることです。前述の通り、離婚におけるプラスは「夫婦喧嘩の減少＋妻の精神的安定」、マイナスは「父親を失うこと」ですが、マイナスについては、すでに妻は承知しているので、夫はプラスについて伝える必要があります。

その結果、妻がどちらを取るのかですが、妻は子どもの変調（不安定な情緒、不自然な人格形成、不定期な体調不良など）そしてその原因が何なのか、気付いているはずです。

両親の不仲のせい、特に父親（夫）のせいなのだと（厳密にいえば、夫が妻を傷つけ、妻が精神的に不安定になること）。だから、妻は子どものために「マイナスを解消すること」を優先する可能性もあり、そのことは離婚とイコールです。

ただ、これは「妻（母）を傷つけるような夫（父）なら、いっそのこと、子どものそばにいない方が良い」と言っているも同然なので、本心でそう思えるまで、気持ちを整理するのに、かなりの時間は必要です。きちんと自問自答を済ませていないと、なかなか、自分の口から発することはできません。

case26

「世間体があるから離婚はイヤ」妻をギャフンと言わせる法

離婚最大の壁「世間体」

さて、ここまで「妻が離婚に応じない理由」として「経済的に不安だから」「子どものため」「世間体が気になるから」の3つが多いというお話をしました。最後は3つ目、「世間体が気になるから」です。具体的に見ていきましょう。

妻はどうやら「世間体」なるものを大事にしており、夫婦関係が壊れていても離婚を回避することで世間体を守れるのならそれで良いと言わんばかりです。

ところで、この「世間体」とは何でしょうか？　いろいろ定義はあるでしょうが、第三者の目線で妻のことがどう見えるのか、妻の評価や評判、印象のことです。ですから、世間体の如何によって、妻の信頼、信用、好感度は上がったり、下がったりするので一大事だというわけ。

また、ここでいう第三者とは、実家関係なら両親、兄弟姉妹、親戚など、職場関係なら同僚、上司、部下など、子ども関係なら学校の先生、ママ友、ご近所さんなどです。万が一、「＊＊さん、離婚したらしいよ」なんて噂が立ってしまったら……恥ずかしいし、気まずいし、合わせる顔がない。根掘り葉掘り聞かれたら、どうしよう。だから、妻は「世間体」を盾に、頑《かたく》なに離婚を拒んでいるのです。

確かに妻の言い分は一理あります。「離婚」というキーワードに対する偏見や差別は残念ながら、今の日本では根強いのは間違いありません。もちろん、離婚件数はわずか15年間で21％も増えていますし、（平成7年　19万９０１６件→平成22年　25万１０００件。厚生労働省・人口動態統計より）現在、３組に１組が別れるという「大離婚時代」が到来しました（平成21年の婚姻数　71万７７３４件　離婚数　25万３３５３件）。

とはいえ、日本人の遺伝子には古来から「夫婦は最後まで添い遂げるべき」という伝統が刷り込まれており、年齢が上がれば上がるほど、昔ながらの価値観は色濃く残っています。いくら離婚件数が増えたと言っても、わずか数年、数十年で、それを塗り替えることは難しく、妻はもちろん、周囲の人間だって「離婚は悪」というイメージを持っているはずです。

ところで、妻は「離婚しない＝世間体を守ることができる」と決め付けていますが、本当にそうなのでしょうか？　ただ単に離婚を回避しただけで、周囲の人間は今まで通り、妻に対し好感を持ち、信用し、良い印象を持ち続けるのでしょうか？　そんなことはありません。なぜでしょうか？　少し考えてみてください。

まず離婚寸前の夫婦が同じ空気を吸い続けるのは不可能なので、「別居」は不可避でしょう。本来、夫婦は同居すべきなのは言うまでもありません。夫婦なのに別々に暮らし、夫婦なのに夫が妻の口座に生活費を振り込み、夫婦なのに1年以上も顔を合わせていない……そんな戸籍上だけの夫婦、名ばかりの夫婦、形骸化した夫婦を、周囲の人間はどう思うでしょうか？

第3章

男と女、世間体が悪いのはどっち？

case27

別居中の夫婦、離婚した夫婦、世間体が悪いのはどっち？

離婚しない妻の世間体は？

さて前回は、夫が妻に離婚を切り出したけれど、妻が「世間体が気になるから」と離婚に応じず、話が止まってしまった……そんなケースをご紹介しました。

そこで夫婦喧嘩が一時休戦となれば良いのですが、夫は離婚を考えるほど妻との関係に嫌気がさしていたのです。だから、離婚を切り出した後も同じ空気を吸い続けるのは精神的に無理です。結局、夫が家を出て行き、夫婦は別居生活に突入するのですが、別々に暮らし、夫が妻の口座に生活費を振り込み、1年以上も顔を合わせていない……もはや、夫婦とは言えないような薄っぺらい関係に成り下がるのです。

「夫婦なのに別居していること」は遅かれ早かれ、誰かに知られ、噂が立ちます。一例を挙げれば、「別居」の場合の引越しはかなり特殊です。仮に夫が家から出て行くとして、まさか、ご近所さんに「妻と別居します。今までお世話になりました」と言えないでしょう。だから、挨拶《あいさつ》回りをせず、引越しを済ませることが多いですが、それはそれで悪評が立ちますし、持ち出す家財等が明らかに夫1人分だったり、近所で夫の姿を見かけなくなれば、すぐに別居していることを察知されます。結局、離婚せず別居で済ませても、やはり、妻の世間体が悪くなるのです。

ただ、悪評の中身が「夫婦なのに同居していない」で済めば良いのですが、まだまだ序の口です。夫婦関係が完全に破綻しており、修復する見込みがないのに、また修復する気がないのに、なぜか離婚しない……そんな摩訶不思議な夫婦は、芸能人だけでなく、一般ピープルのなかにも、山のようにいるので目新しくありません。

問題は、この手の夫婦が世間の目に、どのように映るのかです。「金目当て」に離婚を拒んでいるのではないか。実際、それだけの理由で離婚しない、できないケースは一定数、存在します。離婚しなければ、妻は夫から毎月、まとまった生活費をもらえるし、夫が先に亡くなれば、遺産や保険金を手にすることができます。だから、悪評の中身が「金の亡者」へと悪化することはあり得るのです。

「別居しているけれど、離婚しない夫婦」「きちんと離婚した夫婦」

妻は当初、前者より後者の方が「世間体が悪い」と思っていたようですが、前述の話を踏まえ、実際には後者より前者の方が「世間体が悪い」ことを伝えれば、ようやく妻が離婚に応じる可能性は十分、あるでしょう。だって、妻は何より世間体が大事なのだから。

case28

妻が離婚に応じる瞬間を見極める超簡単なテクニック

離婚の本質は「我慢比べ」

ここまで妻が「離婚に応じない理由」の代表例について「経済的に不安だから」「子どものため」「世間体が気になるから」の３つについて傾向と対策をご紹介してきました。もちろん、これは「理由」のすべてではなく、あくまで一例に過ぎません。

これ以外の理由も存在するわけですが、他の理由にぶち当たったら、どうしたら良いのでしょうか？　次のような手順で１つ１つ、理由をつぶしていきましょう。

・妻に「離婚したくない理由」を挙げてもらう
・妻に挙げた理由について、夫が「それは理由にならない」ことを説明する
・また妻に別の理由を挙げてもらう

ここで大事なのは「継続は力なり」の発想です。この手順を何回も繰り返すのですが、5回？　10回？　20回？　それは私にも分かりません。とにかく妻に「理由」のストックがなくなるまで続けるのです。

もはや、妻は「離婚したくない理由」が思い浮かばず、離婚を断わるにしても、とにかく「ノー」と言うしかないのです。このような『理由なき反論』は通用せず、ここに至って、ようやく妻は離婚に同意してくれるでしょう。なぜ、妻はこのタイミングで離婚に応じてくれるのでしょうか？

「夫の熱意に負けたから」「誠意が伝わったから」「気持ちを理解してくれたから」あなたはそんな普通すぎる理由を思い浮かべるでしょうが、どれも不正解です。正解は「うんざりしたから」です。これはどういうことでしょうか？

上記の手順を踏まえれば、妻が離婚に同意するまで、離婚の話し合いは際限なく続きます。何回、十数回、何十回と。夫があまりにもしつこいので、途中で妻が「根負け」した。それが妻の離婚を覚悟する瞬間なのです。離婚の話をすればするほど、夫はもちろん、妻も精神的な苦痛を受け、ストレスは日増しに蓄積していきます。その結果、ついに妻が「我慢の限界」を超えたのです。

このように離婚話の本質は「我慢比べ」です。どんな手段を使ってでも目的を達成したい。離婚とは、そんな執念深い男（夫）だからこそ、成せる業であり「きれいに別れる」なんて二の次なのです。もし、前述の「普通すぎる理由」で離婚できると本気で思っているのなら、少し考え直した方が良いでしょう。そうしないと痛い目に遭うのは必至です。

case29

なぜ「お互い様」なのに悪妻は被害者面するのか？

被害者面する悪妻の特徴

少し想像してみてください。喧嘩する夫婦、別居する夫婦、離婚する夫婦。そんな「残念な夫婦」が世の中には一定数、存在しますが、その原因は夫もしくは妻、どちらか一方だけにあるのでしょうか？　喧嘩の原因、別居の原因、離婚の原因は夫10割、または妻10割なのでしょうか？　いや、そんなことはありません。どちらも、それなりに、そこそこ悪い……。いわゆる「お互い様」なのが実際のところなのでは。

「『夫婦喧嘩は犬も食わぬ』でしょ。どうせ売り言葉に買い言葉なんだから、まぁ、喧嘩両成敗でいいでしょ」

もし、あなたがそんなふうにドライに割り切れるとしたら、それは外野の傍観者だからです。一方、内野の当事者はどうでしょうか？　どちらがどれくらい悪いのか。「責任の所在」に対してもっともっと自分勝手でわがままで猪突猛進型です。これはどういう意味でしょうか？

「自分は悪くない。相手が悪い」

実のところ、当事者の大多数は本気でそう思っています。それもそのはず。誰だって自分の非を認めたくないし、「自分が被害者。相手が加害者」だと思っていれば、反省したり、自問自答したり、過去を振り返る必要もありません。目の前の複雑怪奇な問題を「単純明快」に摩《す》り替えれば、まんまと現実逃避することができるのです。ただでさえ、離婚の修羅場は苦しく、悩ましく、痛々しいのだから、当事者はどんどん楽な方、楽な方に流れていく傾向があります。だって相手のせいにすれば、「悲劇のヒーロー（ヒロイン）」を演じることができるのだから。

「僕（私）は、なんてかわいそうなの！」

その手の「被害妄想」が自分の心のなかにとどまっているうちは、まだマシな方です。しかし、日に日に被害妄想は強くなっていき、終《しま》いには心の外に飛び出してきます。そして離婚の話し合いの場で、こう口走ってしまうのです。「僕は何も悪くない。あんたのせいで離婚するんだ」と。どちらがどれくらい悪いのか。あろうことか喧嘩相手の面前で「責任の所在」についてプレゼンした上で、相手にプレゼンの内容（夫何割、妻何割）を相手に認めさせようと意気込むのです。無理もありません。当の本人は離婚の原因が「自分が0割、相手が10割」だと本気で信じ込んでいるのだから、もう自信まんまんなのです。自分のやっていることは、相手に「悪うございました。私が全部悪いんです」と言わせるのと同じことだと知りもしないで。

case30

妻のせいにすれば早く離婚できるという幻想

離婚の犯人探しって何？

　このように夫婦の別れ際で「離婚の犯人探し」を始めると、どうなるのでしょうか？何回、何十回、話し合ったところで「夫○割、妻○割」なんて結論にたどり着くのは到底、不可能です。なぜなら、夫が妻に対し、「あんたが全部悪い」と言えば、妻だって反射的に「いや、あんたが全部悪い」と言い返し、売り言葉に買い言葉の応酬は避けられず、結局、収拾がつかなくなるのだから。

「こんなに酷い目に遭った」と殊更《ことさら》に強調したところで、離婚する予定の夫婦間に信頼関係は存在しないので相手にされず、また「相手がどう思っているのか」という視点が抜け落ちているから、「相手が10割悪い」なんて平気で口にするのです。まるで自分からわざわざ「出口の見えないトンネル」に足を踏み入れるようなものですが、確かに結婚期間中、酷い目に遭った人ほど、このような罠に陥《おちい》りがちですから、注意が必要です。良かれと思って責任の所在を追及したのに、結果的には、そのせいで離婚の話が長期化しているのだから。

なぜ、離婚協議の場面で「どちらがどれくらい悪いのか」という話をすると裏目に出るのでしょうか？

もしもの話ですが、どこの誰が見ても納得するような確たる基準など存在すれば話は早いでしょう。例えば、「夫が6割、妻が4割悪い」という案に対し夫婦ともに「それはそうだ」と言えば、それで一件落着です。

例えば、価値観や性格、考え方が同じような男女……新婚ホヤホヤの夫婦ならあり得るかもしれません。しかし、今回のケースは離婚寸前の夫婦なのです。だから、価値観や性格、考え方はほとんど一致しないと言っても良いでしょう。どんな割合を示そうと、夫は「妻はもっと悪い」と言い、妻も「夫はもっと悪い」と言い、責任のなすりつけ合いが繰り返されますが、夫の目に映る妻の姿と、妻の目に映る妻（自分）の姿が異なるのだから、それもそのはずです。まさか離婚する予定の夫婦が、お互いの間の溝を埋めようとはしないでしょう。

夫が「僕の方が悪かった」、妻が「私も悪かった」などと歩み寄るのは離婚せず、やり直す場合の話で、今回の場合、その限りではありません。結局のところ、確たる基準がないのに、折り合いをつけるのは不可能なのです。まるで答えがないのに、問題を解いているようなもので、それは無駄な努力です。

case31

夫も妻も被害者面。でも一刻も早く離婚するには⁉

性格の不一致で離婚するには

離婚の話し合いで「夫婦のどちらがどれくらい悪いのか」を突き詰めようとすると、協議が長期化する傾向があるようです。そもそも「夫○割、妻○割」という結論を何に使うのか、前もって考えたことはあるのでしょうか？　例えば、強いて言えば、妻に謝罪させる、慰謝料を払わせる、離婚に同意させる、などが考えられますが、もし、離婚の原因が妻の浮気、浪費、暴力なら、「夫0割、妻10割」という結論を導き、妻に謝罪文を書かせたり、財産を総取り（妻の取り分はゼロ）したり、離婚届に署名させることができるかもしれません。

しかし、ほとんどの場合、離婚の原因は「性格の不一致」です。だから、妻10割ということはあり得ず、夫側にも一定の原因があります。例えば、「夫4割、妻6割」という結論に至ったとします。大きな声を出したり、過去を蒸し返したり、しつこく同じ話を連呼すれば、妻がうんざりして、「はいはい、私の方が少し悪かったわよ。６割くらいでしょ」と投げやりにＯＫしてくれるかもしれません。しかし、妻の責任が６割では、謝罪も、慰謝料も、離婚も、妻は二つ返事をしないでしょう。「だって、あんたも４割、悪いんだから。なんで私が謝ったり、お金を払ったり、離婚に応じないといけないの！」と言われるのがオチです。

そもそも１度や２度、妻に謝られたって、どうせ離婚するのだから、夫の気持ちは晴れないでしょう。また夫にも４割の原因があるのに、妻は慰謝料を払おうとは思えないでしょう。そして夫婦はどちらも離婚に同意しているのだから、責任の所在を離婚に結びつける（こんなに悪いことをしたのだから、離婚を切り出されて当然）必要もありません。つまり、妻10割ではない中途半端な「責任の所在」では、離婚前提の場合、その後、使い道がないのです。

だから、離婚という結論が出ているのなら、そこに向かって最短距離で走っていくのが吉です。脇目も振らずに、です。わざわざ、「どちらがどのくらい悪いのか」の答えを探すため、余計な回り道をする必要なんてないのです。厳しいことを言いますが、双方に原因があるのに自分だけ被害者面をするのは単なる自己満足に過ぎないでしょう。何でもかんでも白黒をつけようとした結果、必要以上に長期化するのでは本末転倒です。だったら、モヤモヤした気持ちを、あえてモヤモヤしたままで、その違和感と引き換えに、早期の離婚を手に入れた方が良いでしょう。

なお、今回の話は、離婚の原因が性格の不一致の場合の話です。浮気や借金、暴力などの場合は、その限りではありません。誰がどう見ても妻が10割、悪いのなら、きちんと責任の所在を明らかにし、きちんと責任を追及した方が良いでしょう。

最後になりますが、参考までに夫婦が離婚を回避し、やり直す場合なら、十分、使い道があります。例えば、何らかの経緯で夫婦関係が傷付いたけれど、これから修復していく場面で、夫も妻も、今までの態度や言葉遣い、接し方などを改めようとします。もし、「夫4割、妻6割」なら、妻は夫より、少し多めに、自分の行いを改善していけば良いのです。このように責任の所在を前向きに使うことができるでしょう。

case32

自分の不倫を棚にあげて妻と離婚したい男たちへ

不倫夫が妻と離婚する方法

世の中の既婚男性（夫）が妻と「離婚したい理由」。単刀直入に聞きますが、それは何だと思いますか？　私のところには年間1000人以上の相談者がやってきます。男性の相談内容はもちろん、十人十色なので一概には言えませんが、もし、大雑把に仕分けをし、ランキングを作るとしたら、3位は性格の不一致、2位はお金（生活費、借金、ギャンブルなど）で、1位は浮気、不倫なのです。意外な結果でしょうか？　そこで今回は夫に交際している女性がいる場合、その存在を正直に伝えた方が早く離婚できるかどうかを検証していきたいと思います。

ちょっと想像してみてください。

例えば、よかれと思ったことが裏目に出て相手を怒らせてしまう。何をやっても上手くいかず、物事が前に進んでいる実感がまったくない。そんなふうに1日に1度も「良いこと」がない。思わず目を覆いたくなるようなエピソードの数々ですが、あなたは思い当たる節はありますか？

真っ先に思い浮かべるのは、きっと「仕事のこと」のはず。頑張っても頑張っても給料が上がらない、昇格昇進しない、誰も褒《ほ》めてくれないという具合に。だから、あなたは今の惨状を「一発逆転」すべく、仕事終わりにパチンコへ繰り出すのでは？　だって、その日の運が良ければ、その日のストレスを帳消しにし、その上でお金まで手に入るのだから。何の準備もしなくても、まったく計画を立てなくても、特に頑張らなくても、です。

このように目の前の現実があまりにも悲惨だと、コツコツ努力するのが馬鹿らしくなり、ギャンブルに走ってしまう……そんな「自暴自棄タイプ」が世の中には一定数、存在するようです。先ほどは仕事のことを例に挙げましたが、これは「夫婦が離婚する場面」でも同じことが言えるのではないでしょうか？　具体的に見ていきましょう。

case33

不倫を白状する？　隠す？　どちらの方が早く離婚できるか

不倫を白状すれば離婚できる？

前回は仕事の場面で、目の前の現実があまりにも悲惨だと、コツコツ努力するのが馬鹿らしくなり、ギャンブルに走ってしまう「自暴自棄タイプ」が世の中には一定数、存在するのですが、これは「夫婦が離婚する場面」でも同じことが言えるのではないか、というお話をしました。具体的に見ていきましょう。

例えば、夫は離婚したい、妻は離婚したくないという場面。夫は何とかして妻を説得しようとするのですが、妻は「離婚しない！」の一点張り。一例を挙げれば、妻が「誠意を見せて欲しい」と言うので、夫は慰謝料の金額を提示したのに、妻はなぜか「お金で済ませようとするなんて信じられない！」と逆ギレする有様。夫が全財産を抛《なげう》っても、マイホームを放棄しても、生活費を保証しても、話し合いは前に進むどころか、妻はますます感情的になるばかりで、もう「打つ手なし」という状態。

このように定位置で立ち止まったまま、何の進展もせず、先行きが不透明なので、夫が不安な気持ちに苛《さいな》まれ、パニックに陥るのも無理はありません。「いつになったら離婚できるのか」と。もしも「いつか離婚できればいい」と長いスパンで人生を考え、不利な条件で妥協せず、納得いくまで話し合おうと思えば、妻に振り回され、そのたびに右往左往することもないでしょう。しかし、実際には一刻も早く離婚したいのです。1分1秒でも早く。

だから、無一文になろうと、土下座しようと、すべてを失おうと、何が何でも今、離婚したいのですが、なぜ、ここまで焦るのでしょうか？　その裏には多くの場合、「女」がいるのです。そう、彼女と一緒になりたいから「妻と離婚したい」というのが夫の本音なのです。そして同時に夫は彼女にこう言われ続けるのです。「彼が早く奥さんと離婚してくれればいいいな。そうすれば私と一緒になれるのに」と。

離婚が成立するまで、ずっとです。このように『離婚したいけれど、離婚できない』という具合で妻と彼女の板ばさみに遭い、精神的に追い詰められると、夫はどうなるでしょうか？　先ほどの話と同じように「一発逆転」を狙うギャンブラーと化すのです。では、夫婦が離婚する場面で、どのような「奇策」に打って出るのでしょうか？

case34

なぜ既成事実があれば妻は離婚してくれると思うのか？

既成事実があれば離婚できる？

夫は離婚したくて仕方ないのに、妻は断固拒否。夫が手を替え品を替え、説得しても、妻はいっこうに首を縦に振らず、もはや「お手上げ」状態。そんなとき、夫はどのような行動に走るのでしょうか？

私の経験上、離婚志望の男性は切羽詰まれば詰まるほど「既成事実」という言葉を好き好んで使うようです。先に「既成事実」を作ってしまえば、もう後戻りできないのだから、妻はぐうの音も出ないだろう。だから妻は間違いなく離婚に応じてくれるはず。妻の気持ちなんてお構いなしに「既成事実」がまるで黄門様の印籠かのように思い込み、猪突猛進するのです。

ここで言う既成事実とはお察しの通り「彼女の存在」のこと。つまり、夫はあろうことか離婚を渋る妻に対し、「結婚を考えている彼女がいるんだ」と言い放ち、「いくら待っても俺は戻ってこない。あきらめてくれ。お前（妻）より彼女が好きなんだ」と真顔で口にするのです。

しかし、このような唐突なカミングアウトで、まんまと離婚できるのでしょうか？　そもそも、おかしな話です。夫はもともと、彼女の存在を「隠した方が」離婚しやすいと思っていたはずです。その心理背景には妻への罪悪感、後ろめたさはもちろん、ただでさえ、離婚の件で妻を傷つけているのに、彼女のことを話せば、余計に傷つけてしまうという配慮や気遣いもあるでしょう。さらに言えば、「彼女のことを根掘り葉掘り聞かれたくない」という自己防衛本能も働くはずです。

いずれにしても当初は「隠し通そう」と決めていたのに途中から「白状した方が」離婚しやすいと考え直したのですが、その過程で十分すぎるほど自問自答したのでしょうか？「言おうか、言うまいか」という葛藤を何回、何十回と繰り返したのでしょうか？

case35

「彼女の方が好きだから」不倫は離婚の口実になり得る？

先に不倫した者勝ちって本当？

事実は小説よりも奇なり。ではありませんが、離婚の現場では驚くべき瞬間に遭遇することが多々あります。例えば、不倫中（妻以外の女性と付き合っている）の男性（夫）が妻に対して、何を思ったのか、突然、「実は付き合っている彼女がいるんだ。彼女と一緒になりたいから別れて欲しい」と言い出す場面は何度も目にしてきました。どうやら当初は「(彼女の存在を）隠し通そう」と決めていたのに、途中から「白状した方が」離婚しやすいと考え直したようですが、「言おうか、言うまいか」と自問自答した末、出した答えなのでしょうか？

いや、そんなことはありません。何をやっても妻が離婚に応じてくれないから、「ええい！　言っちゃえ!!」という具合で投げやりな態度をとった結果なのです。「隣の芝は青く見える」のと同じ理屈で、そこに深い考えなどありません。そして精神的に追い詰められ、パニック状態に陥ったとき、「ふと思いついたアイデア」が、なぜか素晴らしい妙案に思えるのは、「仕事のストレスをパチンコで晴らす場合」と同じ原理です。

この作戦はギャンブルと似たり寄ったりなので、「イチかバチか」なのですが、数字に直せば『１か８か』です。１が成功、８が失敗だとしたら、誰がどう見ても「８」が出る確率の方が圧倒的に高いのです。それを知らないのは夫だけですが、当事者だけ何も知らないのは、大当たりを期待し、パチンコ台に座り続けるのと一緒です。

もしも、妻は夫に対し、未練たらたらで「気持ちを断ち切れないから」離婚に応じられないのなら、「既成事実を突きつける作戦」は上手くいくかもしれません。「彼女がいるんじゃ、しょうがない。別れましょう」と。

しかし、この夫婦は何回、何十回も離婚の話をしているのに、２人の間にまだ「愛情」など存在するでしょうか？

case36

「未練があるから離婚しない」が嘘くさい本当の理由

未練と離婚は関係ある？　ない？

「アイツはまだ俺に未練があるから、なかなか踏ん切りがつかないのだろう」

夫が何度、離婚の話をしても、妻がうんともすんとも言ってくれないと、そんなふうに口にする男性（夫）は案外、多いのです。この手の自惚れ屋さんは冗談のような台詞《せりふ》を真顔でのたまうわけですが、だからこそ、妻に未練を断ち切ってもらう方法を本気で考えるのです。その一例が「交際している彼女」の存在を明かすことですが、よく考えてみてください。

この夫婦はすでに何回、何十回も離婚の話をしているのです。それなのに、いまだに「愛情」など存在するでしょうか？

いや、もはや愛情なんて、ひとかけらもありません。妻が離婚に応じない理由は「愛情の有無」などまったく関係ありません。とにかく大嫌いでムカつく、顔も見たくない夫が「離婚したい」と言うので、妻はわざと反対のこと（離婚したくない）を言い返しているだけ。ただ単に夫に対する恨みを晴らしているだけなのです。

まだ離婚の話が煮詰まっていない段階なら、妻は「気持ちの整理がつかない」「まだやり直せる」「子どものためにならない」など甘っちょろい理由を挙げ、綺麗な形で離婚を避けようとしていたかもしれませんが、もう、そういう次元ではないのです。ただただ、夫を困らせることしか頭にないのだから。

なかなか解せないかもしれませんが、愛情はなくとも妻は「夫の不倫」に嫉妬するのです。だから、妻が既成事実を知れば、「夫への恨み」に嫉妬心が上乗せされるので、余計に意固地になり、「離婚しない方向」に舵《かじ》をとるのは必然です。

「自分の都合で離婚したいと言い出すなんて。私より女を選ぶなんて。女の存在を明かして私を追い込もうとするなんて。もう絶対に離婚してあげないんだから！」という具合に。このように既成事実を作るという作戦は、火に油を注ぐだけで、残念ながら、離婚成立はさらに遠のきます。「逆効果」だと言い切っても過言ではありません。だから、まずは女性の存在を隠したまま、妻を説得する方法はないかどうか、脳みそに汗をかきながら考える方が賢明ですし、それが離婚への近道です。

case37

なぜ離婚予備軍の夫は、真っ先に妻の浮気を疑うのか？

妻の浮気を追及できない弱夫

少し想像してみてください。「別れて欲しいの」

そんなふうに妻から三行半《みくだりはん》を突きつけられたとき、あなたはどんな反応をするでしょうか？　何の前触れもなく、いきなり唐突にそう言われたら。

「もしかしたら男がいるんじゃないか」

そうやって、まず先に妻の浮気を疑おうとする……そういう男性は決して珍しくなく離婚の現場では、もはや定番中の定番です。なぜなら、ほとんどの男性は妻に離婚を突きつけられるような心当たりはなく、身に覚えもなく、自分は悪いと思っていないのだから。

逆にいえば、節目節目で自分の行いを振り返り、要所要所で身を清めてきた男性は、妻から離婚を切り出されることは少なく、また三行半を突きつけられたとき、「あのときのことか」と思い出せるのですが。

これは「人の振り見て我が振り直せ」の真逆の発想ですが、この手の人間は得てして、自分が被害者、相手が加害者だと本気で思い込んでいるので、優先順位の1位は「相手を疑うこと」なのです。自分の胸に手を当てて過去を振り返るなんてことはせずに。

参考程度にお聞きください。今回の場合、妻は夫の言動が「離婚に値する」と思っているけれど、夫はそう思っていないようです。この1つのエピソードを聞くだけでも夫婦間の感覚がずれていることは一目瞭然ではないでしょうか？　この夫は妻から離婚を切り出されるまで、そのことすら気付かないほど鈍感なのですが、それは今に始まったことではなく、以前からずっとそうなのでしょう。これがいわゆる「性格の不一致」なのですが、不一致の自覚すらないのだから、離婚という最悪の結末を迎えるのは偶然ではなく必然だと言えます。

話を元に戻しますが、そんなに妻の浮気を疑っていて、白黒をはっきりさせたいと本気で思っているのなら、直接、妻を問い詰めて白状させるのが一番手っ取り早いでしょう。だって疑惑の相手は目の前にいるのだから。考えてみてください。突然、妻から離婚を切り出されれば、夫が怒り出すのは当然のことです。その場の勢いで妻に詰問するのは大して難しくないでしょう。「なぜなんだ！　男でもいるのか？　どうなんだ‼」という感じで声を荒げたっておかしくはありません。

しかし、実際のところ、どうでしょうか？　三行半を突きつけてきた妻に対し、「まさか男がいるんじゃないだろうな！」と即答し返すことができた夫なんているでしょうか？いや、私は離婚の現場で、ほとんどお目にかかったことはありません。なぜでしょうか？

case38

なぜ夫は妻の「我慢の限界」を察知できないほど鈍いの？

ある日突然、離婚って本当？

前回までは妻に三行半を突きつけられたとき、まず先に「男の存在」（不倫の疑惑）が頭に浮かぶ夫がいるというお話をしてきました。しかし、実際のところ、夫は「もしかして？」と脳裏に浮かぶだけで、実際に妻を問い詰めるには至らないことが多いのです。なぜでしょうか？

なぜなら、妻との間で丁々発止《ちょうちょうはっし》の罵り合いが起こる可能性が極めて高いからです。そのせいで、ひどく傷つけられるのは目に見えています。浮気を自白させる場面でも、浮気をしたのは妻が悪いのだと認めさせる場面でも、どのように責任をとらせるのかを決める場面でも、そうです。

いずれも妻にとって都合の悪いことの数々なので、妻は逆ギレしたり、ヒステリーを起こしたり、挙句の果てには、浮気を夫のせい（夫が悪いから他の男に目が行ってしまった、など）にしてくるに決まっています。「なぜ、妻が浮気をしたのか」を突き詰める過程では、（妻は「夫のせいで他の男に目移りした」と責任転嫁するから）夫の欠点や欠陥、至らない点があぶり出されますが、夫は今まで目を背けてきた現実を突きつけられることになります。そのことに耐え切れないことが分かっているから、さっさと現実逃避に走るのです。自分で自分を客観視できない夫なら、余計にそうでしょう。

結局、この手の夫は何の前兆もなく、離婚の修羅場に連れてこられたら、何もできなくなってしまうのです。まるで蛇ににらまれた蛙のように。無理もありません。どのタイミングで妻の堪忍袋の緒が切れ、「別れたい！」と言い出すのか、「そろそろかな？」と第六感で察知するのは、かなり難しく、特に今回、槍玉に挙げた「鈍い夫」はなおさら、そうです。つまり、夫の側は「いつ妻が離婚を切り出すのか」を待っている立場であり、あくまで他力本願なので、そのような修羅場を避けたくても避けられないのです。

だから、心の準備も、頭の準備も、理屈の準備もできず、いきなり本番を迎えるのは、ある程度、仕方がありません。

とはいえ、おかしな話です。離婚を切り出してきたのは妻で、それに応じるかどうかは夫次第なのだから、夫はもっと強気に出ても良いはず。「傷付きたくない」のは誰だってそうですが、妻が喧嘩を売ってきたのだから、夫が反撃しようと、しまいと無傷では済まされないでしょう。

ところで、この種の夫は、表と裏の顔があるので、表の顔だけで「そういう人なんだ」と決めつけるのは危険です。裏の顔は表側とは１８０度違うのだから。これはどういうことでしょうか？

case39

妻にケチョンケチョンにされた夫が企む復讐策とは？

ダメ夫って本当は二重人格？

さて前回までは妻から離婚を突きつけられたとき、夫は「妻の不倫」を疑ったけれど、結局、何も追及できなかったという相談事例をご紹介しました。ところで、この種の夫は、表と裏の顔があるので、表の顔だけで「そういう人なんだ」と決めつけるのは危険です。裏の顔は表側とは１８０度違うのだから。これはどういうことでしょうか？

前述の通り、妻には面と向かってガツンと言えないのですが、「面と向かわなければ」話は別です。実をいうと、勝気で負けず嫌いで腹黒い性格なのです。だから、敵前逃亡したまま、まんまと引き下がるわけではなく、虎視眈々と捲《けん》土《ど》重《ちょう》来《らい》を狙っているのです。具体的に言えば、妻をギャフンと言わせるため、確たる証拠を掴もうと企んでいるというわけ。

例えば、探偵や興信所に依頼し、妻を尾行させ、男と密会したり、一緒に食事や買物をしたり、ホテルや男の家に入る瞬間を、写真に撮ろうとするのです。これら専門の業者に頼めば、何の心配もいりません。妻に知られることなく、裏でこそこそと証拠集めができるのだから。そして手に入れた証拠を眺め、ニヤニヤとほくそ笑んでいるのです。「ほら見たことか！」と。妻の目の前では、あんなに気弱だった夫がこの変わりようです。そしてリサーチが大好きで得意で自信があるタイプだと言えるでしょう。

しかし、大事なことを忘れていませんか？　どんなに有効性の高い証拠を数多く、手に入れても、それを「妻に突きつける」のは夫の役目だということを。リサーチですべてが完結するわけではなく、これらの証拠が効果を発揮するかどうかは、夫の腕にかかっているのです。

どんなに用意周到に準備をしても、いざ本番で、それを使って妻を説得できなければ、今までの努力は水の泡ですが、妻の顔を見ただけで、チビってしまうような人間が理路整然と説明できるでしょうか？　妻に何を言われても、冷静沈着に振る舞えるでしょうか？

case40

なぜ探偵の浮気調査を使うと妻の逆ギレを誘発するのか？

浮気の証拠で妻が逆ギレ!?

さて前回までは妻から離婚を突きつけられたとき、「妻の不倫」を疑ったけれど、追及できない夫は後日、証拠集めに奔走するというお話をしました。そして、いざ本番。妻に証拠を突きつけ、「どうなんだ！」と迫るわけですが、証拠ありの場合、妻はどんな反応をするでしょうか？　順番に見ていきましょう。

「ひっそりと私を尾行したり、携帯を勝手に見たり、友達にこそこそと探りを入れたり……いったい何様のつもり！」妻はそんなふうに耳をつんざくような大音量で反撃してくるでしょう。妻いわく、証拠が有効かどうかは関係ない、隠れて証拠を集めていたことが問題なのだそうです。妻は証拠の有効、無効から、「証拠集めの是非」に論点を摩り替え、ピンチを乗り切ろうとしているのです。もしかすると、続けざまに「そんなことをする夫とはやっていけない！」という具合に、前述の証拠を使って、離婚の正当性を強調しようとする可能性だってあるでしょう。

そこで夫がシュンと縮こまるようでは、せっかく完璧な証拠を集めても何の意味もありませんが、妻が目の前でヒステリーを起こしたら、今回登場する夫では、なす術もありません。結局、発言の中身が正しい順ではなく、声の大きさ順で物事が決まるという、理不尽な理屈を押し付けられるハメになるのです。これでは証拠なしの場合（初回の話し合い）と大差ありません。探偵に依頼すれば、それ相応の費用がかかりますが、ドブに捨てたようなものです。本当にこのやり方が正しかったのでしょうか？


結局のところ、自分の手を汚すことなく、楽々と解決しようなど虫のいい話でしかありません。自分でこの妻を選び、結婚したのだから、離婚するときも、自分でやるべきでしょう。だから、証拠集めはある程度のところで切り上げ、妻ときちんと向き合って話をする覚悟を決める作業を優先した方が賢明です。

「傷付くことを恐れないで」

そんなフレーズが流行歌のなかに登場したら、いかにも安っぽいですが、離婚の修羅場では本当に大切なことなのです。

case41

親子DNA鑑定、本当にあった3つの悲劇

大沢だけじゃない？　本当にあった親子DNA鑑定

昨年末に勃発した大沢樹生《おおさわみきお》さんの長男に対するDNA鑑定騒動ですが、元妻の喜多嶋舞《きたじままい》さん側から反論があるなどして、ますます泥沼化していますね。

「本当に俺の子なのか？」

そんなふうに父親が疑念を抱くのは、芸能人に限ったことではなく、一般人の間でも想像以上に多いようです。離婚に際してDNA鑑定を検討したり、〝長年育ててきた子どもはかわいいけれど、本当のところを知りたい〟と思い悩んだりする人は増えていると実感しています。そこで、今回は相談実例をもとに不幸にして親子ではなかったケースを3つご紹介します。

まず1つ目は血液型の矛盾で実子でないことが発覚したケースです。

できちゃった婚した夫婦の血液型はいずれもO型。ところが、生まれてきた子どもの血液型はB型と、ありえない組み合わせであったことから夫の子ではないことが明らかになりました。妻が口を割らなかったものの、どうやら、本当の父親は、妻が二股をかけていた元カレのよう。夫は当然、大変なショックを受けたのですが、それでも「生まれてきた子に罪はないのだから」と離婚はせずに自分の子として育てていくことに。

血のつながりはないものの、父子仲は良好でした。真相を知らない子は、父親を慕っており、父親もまたそんな子どもを愛おしく感じていたのです。ところが、夫のそうした誠実な姿勢にもかかわらず、妻側の浮気癖はなおらず、夫婦関係の溝は深まるばかり。結局は妻が子どもを連れて家を飛び出し、その後、離婚が成立。浮気相手の子どもを育てるという夫の涙ぐましい努力は、ついに報われることがなかったのです。

そして2つ目はセックスレスなのに妻が妊娠・出産したケースです。これまた「俺の子じゃない」のは明らかなのですが、気弱な夫は妻を問い詰めることができないまま、ズルズルと婚姻関係を継続してきました。

それでも、子どもが小学校に上がる頃には、夫婦関係は修復不可能なまでに冷え切り、離婚話が持ち上がります。夫は妻の浮気相手、つまり子の父親が妻の元上司であることは勘付いており元上司にだけはキッチリ責任を追及したいという考えでした。

ところが、夫がＤＮＡ鑑定をしたところで、自分と子どもの血のつながりがないことしか証明できず、本当の父親が誰であるかまではわかりません。結局、確たる証拠も妻の証言も得られなかった夫は、間男に社会的制裁を加えることができないばかりか、離婚成立後、血のつながらない子の養育費を今でも支払い続けています。

最後に3つ目は妻側からＤＮＡ鑑定を希望するケースです。

父子のＤＮＡ鑑定は夫側からだけでなく、妻側からの希望でなされることもあります。

子どもの小学校の教諭と不倫の末、妊娠・出産したある女性は、その男性教諭から「俺は関係ない」とシラを切られたことに激高。不倫相手に「やっぱり俺の子」と認めさせたいがために、まずは夫と子のＤＮＡ鑑定を行い、子の戸籍の父親欄を空欄に修正したうえで、不倫相手に認知や養育費、出産費用の支払いなどを迫りました。

また、別のケースですが離婚成立後に、元妻から突然、「今まで夫婦の子として育ててきたけど、本当はあなたの子じゃないから、ＤＮＡ鑑定に応じて」と求められたという男性もいます。この男性の場合、自分の子だと思い込んでいたので、しばらく気持ちの整理がつかなかったものの、結局は、「元妻とキッパリ縁を切りたい」という思いから鑑定に協力したそうです。

ＤＮＡ鑑定に至った経緯、鑑定結果に対する当事者男性の受け止め方は実にさまざまです。そもそも不倫自体があってはならないことですが、浮気相手の子とはいえ、一概に白黒をつければ良いというわけではないのが、この手の相談の難しいところです。

case42

花粉症のせいで不倫が発覚!?

なぜ花粉症の季節は夫の不倫がバレやすいのか？

毎年、花粉症で悩まされる方が多いようですが、読者の方々はどうでしょうか？　とめどなく流れる涙や鼻水、そして絶え間なくやってくるクシャミに悩まされ、すでに疲れ果てているのでは？

ところで最近、アレルギー性鼻炎のせいで不倫がバレる……そんな「季節モノ」的な男女相談がやたらと目につくのです。もはや「気のせい」の域を超えるくらいの多さ。なぜ、花粉症の時期は、不倫発覚の危険が特に高まるのでしょうか？

例えば、夜の就寝時の様子をイメージしてください。

花粉症の時期でなければ、何の問題もなく、静かに寝静まり、そのまま朝を迎えるでしょう。しかし、花粉のせいで鼻がつまって呼吸が苦しかったり、鼻水が気になって、なかなか寝つけなかったり、花粉症用の薬の副作用で眠りが浅かったり……それらの不調が原因でこの季節になると、就寝中、大なり小なり、イビキをかく人もいるそうです。

ところで、今回の当事者は40代の既婚男性だとしましょう。長年、連れ添った妻は夫のイビキ癖の傾向と対策くらい、とっくにお見通し。「イビキを何とかして欲しい」と夫に頼むくらいなら、自分で何とかした方が手っ取り早い……そんな「夫に頭を下げない習慣」が染み付いているので、花粉症の季節になると、妻は耳栓をしたり、夫より先に爆睡したり、寝室を別にしたりして、夫のイビキをやり過ごすのですが、結局、妻は夫のイビキを指摘しないし、当の本人（夫）も就寝中なので気が付かず、そのまま本日に至っているケースが圧倒的に多いのでは？　しかし、これは大問題です。

なぜなら、「就寝中、どうなっているのか」を初めて夫にカミングアウトするのが、あろうことか愛人になるのだから。同じベッドの隣、もしくは隣のベッドで寝ているのは、必ずしも妻とは限りません。夫がこっそり妻以外の女性（＝以下、「彼女」と呼びます）

と付き合っているとしたら……夫の腕枕の上に、ちょこんと頭を乗せているのは彼女なのです。例えば、ラブホテルや愛人の部屋、そして旅行先の旅館という場面ですが、さすがに彼女はまだ妻のように「なぁなぁ」で通るほど空気のような存在ではないでしょう。

だから、彼女が夫のイビキを目の当たりにしても、妻の場合と違い、「どうせ○○だから」という具合に、何も言わず、あきらめることはしないでしょう。彼女は良かれと思い、夫のイビキを何とかしようとするはず。例えば、簡単なイビキ対策として考えられるのは、市販されている鼻づまり防止テープ。寝る前にこのテープを鼻に貼ると、鼻孔が開き、鼻づまりが解消され、息苦しさが軽減されるそうです。一方で夫は夫で、彼女に指摘されることで、ようやく自分のイビキ癖を知るわけですが、こんな些細なことで彼女に嫌われたくないですし、かわいい彼女のために、鼻づまり防止テープを貼るでしょう。何の違和感も危機感も、劣等感も持たずに。

愛人の癖を家庭に持ち込む不倫男

なぜ「愛人の色に染められた」ことに不倫夫は気付かないのか？

さて前回、ご紹介したのは花粉症と不倫の関係。この季節は花粉症のせいで就寝中、イビキをかく人が増えるのですが、「不倫をしている夫」が花粉症だったら、どうなるのかという話です。「イビキを何とかして欲しい」とダメ出しするのは、往々にして妻ではなく、愛人なのです。例えば、鼻づまり防止テープを貼って欲しい、などがその一例ですが、実はこのエピソードには、「不倫発覚のきっかけ」が隠されているのです。それが何なのか分かりますか？　なお、以下では愛人のことを「彼女」と呼びます。

例えば、夫が彼女の機嫌をとるために、一緒にいるときだけ、テープを貼るのなら良いのですが、自分のイビキが人様に迷惑をかけていることを知れば、そうもいかないでしょう。寝る前にテープを貼る。そのことがいつの間にか、「いつもの習慣」に切り替わってもおかしくはありません。それは自分の部屋の棚や鞄のなかに鼻づまり防止テープを入れている場合も同様です。だから、彼女と寝るときだけでなく、自宅で妻と寝るときも、知らず知らずに貼ってるようになりますが、本当に大丈夫でしょうか？

妻がそのことに気付き、「おかしい」と思い始めるのは、もはや時間の問題でしょう。だって、誰かが指摘したからこそ、夫が自分のイビキ癖を自覚し、「妻が何も言わなくても」自ら対策を講じるようになったのです。それは一体、誰なのか？　やはり、夫と一晩を明かさなければ、就寝中の癖までは、なかなか分かりません。そこで妻が「女の勘」を働かせれば、夫とどのくらい近しい間柄なのか、すぐに察しがつくでしょう。「女の仕業」だと勘付くのに、さほど時間はかからないはずです。

もちろん、「寝る前にテープを貼っていたこと」が即、不倫の確たる証拠になるわけではないので、夫が最初から最後までシラを切り通せれば良いのですが、妻は何度もしつこく詰問してくるでしょう。「誰がイビキを注意したの！」と。「タダの友達だから」という類《たぐい》の言い訳で修羅場を切り抜けられれば御の字ですが、いかんせん、夫は自分から妻へ不倫の手がかりを与えているようなもの。もしかするとイビキの件がなければ、不倫はバレなかったかもしれません。そう考えれば、まるで夫は自分でつけた火を自分で消そうとしているようもので、完全に消しきることは難しいでしょう。結局、途中で白状せざるを得なくなるのですが、元を正せば身から出たサビなので致し方がありません。

桜の開花、お花見、そして新年度の開始。そんな明るく前向きなフレーズが目に飛び込んでくれば、どうしても気持ちが緩んできて、ついつい浮足立って、いつの間にか足元を見失いがちです。それは仕事やプライベートだけに限らず、不倫だって同じこと。思わぬ不注意がきっかけで「足がついて」バレるということが往々にして起こるので、特に春先は油断大敵です。だって「気がついていたら彼女の色に染められていた」というエピソードはイビキに限らず、他にも事欠かないでしょう。のほほーんと春ボケしていると、まんまと足をすくわれますよ。

第4章

不倫で幸せ太りする女、激やせする男

case44

不倫すると太る？　痩せる？

不倫のおかげで幸せ太りする女、不倫のせいで激やせする男

「イビキ」がきっかけで夫の不倫が発覚……前回ご紹介したのは、そんな嘘のような本当の話でした。あなたは首をかしげて、こう思うかもしれませんね。「え？　そんなことで不倫がバレるの!?」。しかし、読者の大半は不倫経験者ではないでしょう。だから、「その人が不倫をしているか否か」をどうやって見抜くのか、その具体的な方法は、得てして摩訶不思議なエピソードに映るのです。自分の住んでいる世界とは違うのだから。

そもそも不倫の告白というのは「断末魔の叫び」に近いです。一番知られたくないこと（不倫）を、一番知られたくない相手（妻）に知られてしまった……その瞬間の一挙手一投足を、赤の他人である私に向かって赤裸々に語るのだから、それもそのはず。その光景は不倫未経験者にとって非日常でも、私にとって日常の一コマと化しているのですが、だからこそ、この手の話を山のように知っており、「イビキ」の話は氷山の一角に過ぎない

のですが、最近の相談実例のなかから「これは！」と記憶に残っている話を厳選しました。さぁ、あなたの知らない世界へご案内しましょう。

家庭があるのに夫（妻）以外と交際している。相手が既婚者なのに付き合っている。不倫の張本人とは、どんなに綺麗事を並べ立てたって、詰まるところ、どちらかに該当するのですが、どんな人が禁断の恋に足を突っ込むのでしょうか？

やはり、超イケメンや絶世の美女なのでしょうか？　相談にのる側も、ついつい相談者のルックスに目が行きがちです。もちろん、男優のようにダンディな男性、女優のように顔立ちが整っている美形の女性も多いのですが、失礼ながら、そうでない男女も相当数、混じっているので、まさにピンからキリまでといったところ。このように「美醜」という視点で不倫の有無を見分けることは難しいですが、もっと簡単に気付く「不倫の共通点」を発見したのです。それは何でしょうか？

それは「太っているか、痩せているか」です。ところで「幸せ太り」という言葉があります。例えば、女性が男性に手料理を振る舞ったり、2人で美味しいものを食べたり、旅行に行ったりすると、ついつい食べ過ぎてしまい、どうしても体重が増えていく……それは普通の恋愛でも、普通ではない恋愛（不倫）でも同じはずですが、「幸せそうに太っている」不倫の男性相談者をお見かけしたことはありません。

むしろ、まったく逆で、例えば、ジャケットやシャツ、Tシャツなどの上着を見ると顕著です。明らかに肩落ちしており、油断すると下の方にずれ落ちてくるのですが、きっと以前は上着のサイズもぴったりだったのでしょう。しかし、今では本人の上半身が小さくなったので、上着のサイズと体のサイズが合わなくなり、体より上着の方が大きくなってしまったというわけ。

だから、相談者は私の目の前で、上着がずれ落ちる、手で引き上げる、ずれ落ちる、引き上げるという動作を繰り返すのですが、もはや「痩せ気味」を通り越して「激やせ」と言っても良いくらいです。一体、何があったというのでしょうか？

case45

不倫でも幸せになれるという錯覚

なぜ不倫でも自分だけは幸せになれると錯覚するのか？

さて前回は私の不倫相談の経験をもとに、彼、彼女らが不倫を境に太ったのか、痩せたのか、体重の増減についてお話ししてきました。私の経験上、「痩せた人」が圧倒的に多いのですが、なぜ、不倫を始めると痩せるのでしょうか？　もう少し詳しく見ていきましょう。

ところで、女性の場合、ひとを好きになると「彼に抱かれる瞬間」をイメージするそうです。だから、ようやく重い腰を上げてダイエットを始めようとしたり、運良く、何もしなくても自然と美貌を磨かれ綺麗になる……そのような好転は珍しくありません。

だって「恋をすると綺麗になる」という定説があるくらいなのだから。とはいえ、その定説は不倫の場合、当てはまらないようです。確かに体重は減るのですが、その痩せ方は自然ではなく、明らかに不自然な感じなのです。具体的には、顔色は悪いし、どこか浮かない表情を浮かべ、目線は上の空といった具合で、ちょっと病的な雰囲気を醸《かも》し出しているのです。特に相談者が女性の場合、上着がぶかぶかだと、上着と体の隙間から下着が見え隠れするので、この手の相談者はどうしても記憶に残りがちです。

このように不倫を始めると、体重が減少するという傾向があるのですが、そもそも、おかしな話です。確かに不倫は許されざる恋愛なのですが、とはいえ、やはり「幸せになれる」と信じているから、自分には妻子（夫子）がいるけれど、もしくは相手が既婚者だけれど、付き合おうと思うのであって、はじめに「不幸になる」と知っていたら、わざわざ、危険な橋を渡ろうとはしないでしょう。やはり、最初はよかれと思い、交際を始めたけれど、途中から良いことばかりではなくなり、何らかの理由で激やせするに至るのでしょう。激やせの理由は一体、何なのでしょうか？　具体的に見ていきましょう。

まずは既婚男性（夫）を例に挙げましょう。不倫の本当の姿は「配偶者への裏切り」です。どんなに言い訳を並べ立てたところで、そのことを根本から否定することはできるでしょうか？　例えば、「こんな魅力的な彼女（不倫相手）を口説かずにいられようか。いや、口説かずにはいられない」「家内が優しくしてくれないし、長年、夫婦生活はないし、家に帰ってもつまらないから仕方がなかったんだ」「彼女との関係は遊びではなく、本気なんだ。だから、とやかく言われる筋合いはない」という具合に。あの手この手を使っても不倫を正当化することはできず、妻への罪悪感や劣等感が残ってしまうから、なかなか開き直って「女遊び」をすることは難しいのです。

case46

妻を意識しない不倫女の正体

なぜ不倫常習女は本妻への後ろめたさが皆無なのか？

さて前回は、普通の恋愛では、女性は綺麗に痩せるのに、普通ではない恋愛（不倫）では病的に激やせするというお話をし、不倫の場合、体重が激減してしまうのは、配偶者への罪悪感や劣等感が原因なのではないかと指摘したところで終わりました。今回はその続きからですが、主人公は不倫継続中の既婚男性です。

既婚男性は自分で自分を納得させるべく、脳内で自問自答を繰り返すのですが、あの手この手を使っても不倫を正当化することはできず、妻への罪悪感や劣等感を完全に消し去ることは困難。

傍《はた》から見れば、完全に開き直っているように見えても、大なり小なり、後ろめたさを抱えているのが実際のところ。具体的には「妻にバレたらどうしよう」「どっちつかずだと彼女に愛想を尽かされるかもしれない。どうしよう」「そろそろ彼女との関係をやめたいんだけれど、すんなり別れてくれなかったら、どうしよう」などなど不安の種を挙げればキリがありません。

そうやって脳内妄想を続ければ続けるほど、どんどんストレスや苦痛を溜め込むのですが、家庭と仕事、そして不倫を両立するのは、体力的、時間的、そして精神的に大変なのです。だから、次第に食事がのどを通らなかったり、夜もぐっすり眠れなかったり、突然、熱を出して体調を崩したりするのも無理はありません。

一連の流れは、相手方（既婚男性と不倫をしている未婚女性）も、ほぼ同じです。「彼が元の鞘（妻）に戻ってしまったら、どうしよう」「いつになったら奥さんと離婚して私と一緒になってくれるの？」「こんな中途半端な関係のまま、子どもが出来たらどうしよう」という具合に。「ほぼ」同じというのは、彼女は妻への罪悪感があるケースもあれば、「まったくないケース」もあるから。彼女は日々、夫から妻の悪口や不満、愚痴を聞かされているので、「私の方が彼を幸せにできるのに」と本気で信じていることも多く、そのような女性は妻への後ろめたさに苛まれることはありません。

このように心身ともに蝕まれていき、痩せ細っていき、ここに至ってようやく私のところに相談しに来る……それが不倫の典型的なパターンです。もちろん、既婚男性の場合、40代前半に厄年が設定されているように、悩み多き年頃なので、不調の原因は必ずしも、不倫だけではなく、仕事では中間管理職の苦悩、実家では両親の介護、そして家庭では思春期を迎えた子どもとの関係など、悩みが尽きることはありません。だから、「不調の原因＝不倫」と直結させるのは無理がありますが、少なくとも、原因の1つであることに間違いはないでしょう。いずれにしても不倫というのは禁断の果実ですから、美味しいところも、そして、美味しくないところも混じっているのは仕方がないところです。

Case47

匂いで不倫を発見する方法

なぜ妻は夫のYシャツの匂いで不倫に勘付くのか?

前回は人間の五感のうち、視覚を使った「不倫発見法」をご紹介しました。そして今回は嗅覚です。人間の鼻で「不倫の匂い」を嗅ぎつけるなんて、本当にできるのでしょうか? 目には見えず、手で触れられず、自分の鼻だけが頼りでは、なんとも心細いのですが。今回も主人公は40代男性(既婚)という設定で話を進めていきます。

ところで、あなたはテレビドラマでこんな場面を目にしたことはありませんか? 夫が仕事を終えて帰宅したのですが、あろうことか夫のYシャツには赤い口紅の跡が。妻はそれを見つけるなり、「これは何なの!」などと耳をつんざくほどの大声をあげ、夫の頬にビンタを食らわせるのですが、もはや金太郎飴のように使い古された「よくあるシチュエーション」の1つです。

しかし、この「Yシャツに口紅事件」で注目すべきなのは、口紅の件ではなく、「妻がYシャツに顔を近付けてきた件」です。なぜなら、口紅がついていようが、ついていまいが、妻が怪しい匂いを嗅ぎつけ、女の影に勘付く可能性は十分にあるからです。香りが人から人に移っていく……嗅覚は他の五感とは違うので厄介なのですが、これはどういうことでしょうか?

ところで夫が彼女(不倫相手)と一緒に過ごしたいのなら、どこに行くでしょうか?公衆の面前で人目もはばからず、彼女とイチャイチャするのは、さすがに気が引けます。「絶対にバレてはいけない」というプレッシャーが伴う不倫では、なおさらそうです。

だから、人目につかない「密室」なら都合が良いのですが、例えば、車、ネット喫茶、ホテルや旅館、彼女の部屋などが考えられます。せっかく2人きりになれたのだから、人目を気にせず、思いっきり愛を確かめ合うでしょう。具体的には腕を絡ませたり、抱き合ったり、キスをしたり、そして最後には性交渉に及ぶでしょうが、いずれのスキンシップも2人がギュッと密着するので、体から体を伝って、夫の香りが彼女に、彼女の香りが夫に移っていくのですが、この微かな「残り香」が不倫の手がかりになっているのだから怖いですね。これらのスキンシップのうち、性交渉はかなり安全です。なぜなら行為の後、シャワーを浴び、残り香も洗い流されるので。

しかし、他のスキンシップはどうでしょうか？　わざわざ、シャワーを浴びようとするでしょうか？　いや、しないでしょう。仮に夫が残り香の存在を知っていれば、証拠を隠滅するため、性交渉をしなくてもシャワーを浴びるかもしれません。しかし、実際には何も知らないので、何もせず、そして何の危機感も持たず、無防備なまま、自宅に戻ってくるのだから、危険極まりないのです。

case48

不倫夫が匂いに無頓着な理由

なぜ不倫夫はデートの後、消臭剤を使わず帰宅するのか？

前回までは、人間の五感のうち、嗅覚を使った「不倫発見法」をご紹介してきました。不倫カップルは2人が密着すると、彼女（不倫相手）の残り香が夫へ移るので、妻にはバレバレなのですが、夫は彼女との密会を楽しんだ後、何か対策を講じているのでしょうか？　いや、何もしないでしょう。仮に夫が残り香の存在を知っていれば、証拠を隠滅するため、性交渉をしなくてもシャワーを浴びるかもしれません。しかし、実際には何も知らないので、何もせず、そして何の危機感も持たず、無防備なまま、自宅に戻ってくるのだから、危険極まりないのです。

だって、体のあちらこちらに、まだ彼女の残り香が染みついたままなのだから。例えば、夫のYシャツやTシャツ、肌着からは化粧の香り、夫の手や腕や胸元からは女性用の香水の香り、夫の口や唇、息からはスイーツの甘い香り、などですが、女性がつける化粧品、女性用の香水、女性が食べたスイーツは、いずれも独特の香りですから、夫が帰宅するやいなや、それらの香りが漂ってくれば、否が応でも妻の鼻につくのです。

そこで妻が勘付くかどうかのポイントは「自分の知らない香り」かどうかだけです。もし、妻が香りを嗅ぎ分けて、化粧品のメーカー、香水のブランド、スイーツの種類を具体的にズバリと言い当てることができたら凄いですが、そんなに敏感な嗅覚は必要ありません。

そもそも夫から感じ取れる香りは、はっきりと嗅ぎ取れるほど、強く鮮明なものではないのです。夫が自分で自分に化粧品を塗ったり、香水を吹きかけたり、スイーツを食べたのなら、まだしも、今回の場合、あくまで女性の残り香が、じゃれ合っているうちに移っただけです。だから、前者の場合に比べ、後者の香りはかなり弱まっているので、いくら妻が夫に近寄ったって、感じ取れる香りは微かなものです。

とはいえ「初めて嗅ぐ香りか。そうではないか」の二択なら、どんなに鈍感な妻だって、正解を選ぶことができるでしょう。このように妻が「あれ？　この香り、初めてかも⁉」と首をかしげるのですが、その時点で夫の置かれた状況はかなり厳しいです。なぜなら、妻はその香りが「怪しい」と思えば、すぐさま夫を追及してきますが、夫は残り香の存在すら知らないので、それが原因で不倫がバレることを事前に想定しておらず、前もって言い訳を用意していないからです。

「最近、香水を変えたんだ」「男性用の化粧品だ」「会社の飲み会で、部下の子にふざけて口移しをしてもらった」そんな苦し紛れの言い訳に終始せざるを得ないのですが、いかんせん、即興の産物だから、それで妻を論破するなんて不可能です。香水や化粧品については、男性用か女性用かぐらい、嗅ぎ分けられるでしょうし、飲み会のスケジュールや参加者の個人名は、会社の同僚から聞き出すことが可能です。そもそも、普段から香水や化粧品を使うほど、夫はオシャレな男だったのでしょうか？

このように継ぎ接《は》ぎだらけの言い訳で逃げ切れるほど、妻の追撃は甘くなく、結局のところ、「香りの主」を白状させられるのです。今回の話で興味深いのは、自分で自分の匂いに気付くのは、思いのほか難しいということ。だから、夫は例えば、携帯用の消臭剤を持ち歩き、彼女とイチャイチャした後は、消臭剤を使うことを習慣にするなど、何らかの対策をしないと、妻にバレるのは時間の問題だと言えるでしょう。

case49

不倫男が妻を避ける本当の理由

妻の休みに仕事を入れる夫は不倫予備軍って本当!?

さて今までさまざまな「不倫発見法」をご紹介してきましたが、今回は「行動パターン」から不倫を見抜く方法です。今回の話は新婚ホヤホヤの20代～30代のカップルをイメージしてください。妻は夫の行動パターンを推理し、「女の影」を察するわけですが、何が決め手になるのでしょうか？　実際の相談実例を参考にすると、２つのパターンが浮かび上がってきます。１つ目は「意図的に妻と休みを合わせないようにする」、２つ目は「妻のスケジュールを確認しようとする」ですが、具体的に見ていきましょう。

まず1つ目は「意図的に妻と休みを合わせないようにする」ですが、これは夫婦が共働きで、どちらも「シフト制」の会社に勤めている場合の話です。シフト制はサービス業に多いのですが、毎週の休みは必ずしも決まった曜日ではないから厄介です。土日祝日は必ず、出勤しなければならず、仕事の進捗や同僚の予定、繁忙期、閑散期などの兼ね合いで、休日が決まるから仕方がないのですが、月末にならないと「どの曜日が休みなのか」分からないので、誰かと予定を合わせるのが面倒なのが難点です。その煩《わずら》わしさは友達でも恋人でも、そして夫婦でも同じなのですが、新婚当初なら2人で話し合って、休みを合わせようとするかもしれません。

しかし、仕事で疲れていたり、忙しかったり、ハネムーン気分が時効を迎えたら、どうでしょうか？　次第に「話し合って決める」という作業が億劫になるでしょう。そして往々にして、妻が先にシフトを決め、その後、夫がシフトを決めるという順になりがちですが、これが「不倫への序章」になりかねないのです。どういうことでしょうか？

例えば、夫の出勤日と妻の休日が重なるよう、夫がシフトを組むというのは初歩的なやり口です。妻の休日というのは、夜勤の翌日だったり、休日出勤の振替だったり、かなり貴重なのですが、何とも酷い仕打ちですね。さらに悪質なのは、もともとは妻も夫も休日だったのに、突然、夫が「休日出勤しなければならなくなった」などと言い出すケースで、それでも妻があきらめず、「仕事が終わってからデートしよう」と誘っても、夫は残業をしたり、夜勤を入れたりして、あの手この手で妻の望みを絶とうとするのです。

もしも、何十年も連れ添った夫婦で、もはや空気のような存在なら、それでも良いのかもしれません。しかし、今回の場合、まだ籍を入れてから1年も経っていない夫婦で、夫婦の間に子どもはいないようです。いまだに恋人気分が抜け切らず、今でもラブラブな関係を維持しているのだから、夫の気持ちはさておき、妻はまだまだ甘酸っぱい恋をしたい年頃なのです。例えば、一緒に映画を見たり、ウィンドウショッピングをしたり、食事をしたり。

それなのに、すれ違いを繰り返し、デートの回数も減り、ぞんざいな扱いを受ければ、妻は夫との間に温度差を感じざるを得ないでしょう。「ダンナはワタシを避けているのでは？」、妻はそう不信感を募らせるのですが、夫が「仕事なんだから、仕方がないじゃないか」と強く反論してくると、それ以上、何も言うことはできず、なぁなぁで終わってしまうのですが、本当に仕事なのでしょうか？

case50

束縛癖の夫は不倫しやすい？

なぜ不倫を始めると、夫は妻を急に束縛し始めるのか？

さて前回までは、行動パターンを分析して夫の不倫を見破る方法として、「夫が意図的に妻と休みを合わせないようにする」という酷すぎるエピソードをご紹介しましたが、これはまだまだ序の口です。今回はその続きなのですが、妻と行動を共にしなくなった夫は、次に何を仕出かすのでしょうか？　夫は「妻のスケジュールを確認しようとする」のですが、なぜ、そんなことをするのでしょうか？

ところで、今まで夫には束縛や干渉とは無縁で、妻がどこにいようが、誰と会おうが、何をしていようが、何も文句を言わなかったそうです。例えば、妻が夫に対し、あらかじめ、「友達の○○ちゃんとお茶をして、買い物をしてから帰るから、夕方の6時くらいかな」と伝えるのですが、夫はあまり興味関心がないようで、まるで右から左に聞き流しているようでした。

しかし、最近は人が変わってしまったかのよう。妻が何も言わずに出かけようとしたところ、夫が「どこに行くんだ！　何時に帰ってくるんだ！」と怒り出したのです。

そこで妻も反省し、前日に翌日の予定を伝えるようにしたのですが、夫はまるで妻の揚げ足を取るかのように、５Ｗ１Ｈが抜けていると、逐一、妻を問いただそうとするのです。特に時間と場所には厳しく、はじめのうち、夫が確認するのは、あくまで妻のプライベートの予定だけだったのに、次第にエスカレートし、そのうち、妻の出社時間、退社時間、そして昼休みの時間までチェックするようになったのです。

なぜ、夫はそこまでして妻の一挙手一投足を知っておきたいのでしょうか？　もし、夫が不倫をしていたら……すべて合点がいくのではないでしょうか。万が一、彼女と不倫デートをしている最中、たまたま妻と鉢合わせたら？

「会社の同僚だよ」と誤魔化したり、彼女（不倫相手）をトイレに逃げ込ませたり、他人の振りをしたりして、急場を凌《しの》げれば良いですが、せっかくの彼女（不倫相手）との楽しい一時は一瞬にして凍り付き、修羅場と化すに違いありません。例えば、映画館、ショッピングセンター、駅の改札、レストランなどが考えられますが、いずれも危険極まりません。だからこそ、夫はあらかじめ、妻のスケジュールを把握しておき、妻と同じ時間、同じ場所で遭遇しないよう、手を打っておくのです。

夫が今まで意図的に妻と休みを合わせないようにしてきたわけで、具体的には夫の出勤日と妻の休日が重なるよう、夫がシフトを組んだのですが、「仕事のため」というのは嘘で、本当は「妻とデートをせず、彼女とデートするため」だとしたら。もともとは妻も夫も休日だったのに、突然、夫が「休日出勤しなければならなくなった」と言い出したり、それでも妻があきらめず、「仕事が終わってからデートしよう」と誘っても、夫は残業をしたり、夜勤を入れたりしたのですが、「仕事のため」というのは嘘で、本当は「彼女が急に『会いたい』と言い出したから」だとしたら。あなたは「なるほど！」と膝を打つことでしょう。

妻はどこかのタイミングで夫の不倫に気がつけば、まだ不幸中の幸いだったかもしれません。「夫が休みを合わせようとしない本当の理由」「夫が妻のスケジュールを把握しようとする本当の理由」を早い段階で知ることができれば、まだ心の傷は多少、浅く済んだはずなので。

しかし、実際には夫を疑うことなく、だらだらと時間が過ぎるばかりで、不倫の発覚が遅れれば遅れるほど、夫は嘘で嘘を塗り固めるので、妻のショックは大きく、心の傷は深くなるに違いありません。

case51

進化しすぎたネット広告の功罪

「浮気を暴きたければ、まず訪問履歴を当たれ」

あなたは気付いているでしょうか？　最近、ネット上で「ある変化」が起こったせいで、あなたの秘密はただ今絶賛、「公開中」だということを。例えば、あなたが頭のなかで今「何を買いたいのか」「何に興味があるのか」「どこに行きたいのか」など、すべてお見通しなのです。何とも不気味で気持ち悪い話ですが、とはいえ、あなたが清廉潔白な紳士で一切「やましいこと」がなければ心配もいりません。例えば、「妻のために」プレゼントを用意しようと、ネット上でジュエリーの品定めをしたり、値段の相場や口コミの評価を調べたりしても後ろ指をさされることはないでしょう。

しかし、万が一、あなたがちょっとした気の迷いで、プレゼントを妻ではなく、本当は「妻以外の彼女のため」に選んでいるとしたら……「自分の頭のなかが筒抜け」では困るのですが、実際のところ、あなたのネット上の行動には、知らぬ間に「足跡」がついており、実は妻がそれを辿ることも可能なのです。何と恐ろしいことでしょう。「そのプレゼント、誰にあげるのよ！」、妻にそう突っ込まれないよう、念には念を入れて隠そうとしているのに、これではエックスデー（妻に不倫を知られる瞬間）はもはや時間の問題なのですが、これはどういうことでしょうか？

例えば、あなたがネット上でジュエリーを選ぶにあたり、通販サイト、口コミサイト、価格比較サイトなどを訪問した場合、誰がいつ、どのサイトを見たのか、などの足跡を「訪問履歴」といいます。各サイトが訪問履歴を綺麗サッパリ消してくれれば良いのですが、実際には、いつの間にか保存され、蓄積され、データベース化されていることをご存知でしょうか？　もちろん、サイトの訪問者はあなた1人ではなく、何千人、何万人にのぼるので訪問履歴を分析すれば、「傾向と対策」を見出すことが可能です。このように集められた膨大な訪問履歴をもとに行うマーケティングのことは「行動ターゲティング」と呼ばれていますが、あなたの行動パターンは知らず知らずのうちに「何に」使われているのでしょうか？

後日、大手のポータルサイト（Yahoo!やGoogle）を開くと、その答えにすぐ気付くはずです。そこで何が起こるのでしょうか？　サイトの広告欄をご覧ください。なんと「誕生石の指輪が10％オフ！　今すぐ手に入れてください!!」という広告コピーが表示されるのです。おかしいですね。ジュエリーを探しているあなたにとって、あまりにもぴったりの広告で、まるで頭のなかを見透かされているかのよう。それもそのはず。先日の訪問履歴をもとに「あなたにどの広告を表示すれば効果的なのか」を広告主が意図的に選んで表示しているのだから。

確かにポータルサイトとジュエリー関係のサイトは別モノですが、ジュエリーサイトの訪問履歴をジュエリーサイトではなく、ポータルサイトの広告表示に有効活用しているのが行動ターゲティングの肝《きも》です。結局、利用者はこのカラクリに気付かず、何の疑いもなく広告をクリックするのですが、だからこそ、行動ターゲティングの優秀な手法なのです。結果的にジュエリーを売りたい通販業者と、ジュエリーを買いたい愛妻家を結びつけることができ、通販業者は万々歳なのですが、それだけではありません。

もし、そのジュエリーが記念日のプレゼントなら、愛妻家だってその広告のおかげで「買い忘れ」を防ぐことができるので「広告様様」だと諸手を挙げて喜ぶでしょう。実は自分の訪問履歴をあちらこちらに使い回されているとは露知らず……このように訪問者の属性に応じて広告の内容を変える手法のことは「リマーケティング」と呼ばれており、旧来のネット広告と比べ反響率が良く、少ない予算で大きな効果が期待できます。だからこそ、最近では大手ポータルサイトだけでなく、有名人のブログ（アメーバブログなど）、SNS（Facebook や LINE など）、無料メールソフト（Gメールや Yahoo! メールなど）などでも採用されているのですが、少し考えてみてください。

リマーケティング広告は一見「いい事ずくめ」のように見えますが、本当にそうなのでしょうか？　あなたの行動パターンはどんどん丸裸にされた上で次々と売り払われるだけでなく、自分の行動パターンをもとに厳選された、最も効果的な広告があなたの目の前に現れ、余計な買物を強いられるハメになるのです。決してＷＩＮ―ＷＩＮの関係とは口が裂けても言えないでしょう。

このようにリマーケティング広告は一般ピープルにとって二重苦なのですが、実はもう1つの「苦」をご紹介しそびれていました。それは訪問履歴をもとにした広告のせいで、あなたの秘密を一番知られたくない人に知られてしまうこと。例えば、「不倫」を「妻」に知られてしまう……それは本来、広告が遡及すべき相手でもなければ、遡及したい内容でもないので、広告主ですら想定の範囲外でしょうし、完全になる「余計なお世話」「ありがた迷惑」なのですが、リマーケティングという曲者は何を仕出かすのでしょうか？

具体的に見ていきましょう。

case52

ネット上に「不倫の足跡」が残る危険なカラクリ

パソコンの閲覧履歴から足がつく

少し話を戻します。あなたはプレゼントを探すべく、パソコンでジュエリーの通販サイト、口コミサイト、価格比較サイトなどを覗いたわけですが、その後、妻が「今日は更新されているかな？」と有名女優のブログを閲覧した場合、そのブログの広告欄には何が表示されているでしょうか？　そこには「誕生石の指輪が10％オフ！　今すぐ手に入れてください」という広告コピーが！　もちろん、以前、妻が自分でジュエリーの通販サイトを見たことがあり、「妻の閲覧履歴」をもとに行動ターゲティングされた可能性も否定できませんし、たまたま妻の誕生月と愛人の誕生月が同じなら、また妻がこのような広告を見ても何とも思わない鈍感なタイプなら、もしかすると奇跡的に難を逃れることができるかもしれません。

しかし、一方で妻が普段、ネット通販でジュエリーを買ったり、ネット上で情報を集めたりしない人で、しかも自分の誕生月ではないのに「誕生石のジュエリー」の広告が頻繁に表示されたとき「なぜだろう?」と勘付くほど敏感なタイプだとしたら……遅かれ早かれ、犯人(ネットで女性もののジュエリーを物色していた人間)は特定されるはず。例えば、家族のなかでパソコンを使う人間が妻以外に「夫」しかいなければ、消去法で一目瞭然です。

さらに夫が「ただ興味本位で何となく検索していただけ」「部下の子にあげるつもりだった」「安く買ってオークションに出してひと儲けしようと」などと苦しい言い訳をしても妻の追及をかわすことは難しいでしょう。もし、妻が「それなら携帯(スマートフォン)を見せなさいよ!」と言い出した場合、「見せる」「見せない」という多少の小競り合いがあったとしても、それは悪あがきに過ぎません。

悪魔の証明(不倫の可能性がゼロだということを夫が証明する)ができない以上、最終的には夫が携帯を見せざるを得ない状況に追い込まれ、メールの送受信、電話の発信送信履歴などに「愛人の存在」が残っているでしょうから、不倫の事実を隠し通せなくなり、結局は自ら不倫を白状するハメになるのです。「誰のためのプレゼントだったのか」を。

このようにリマーケティングの広告はあくまできっかけの1つに過ぎませんが、そこから足がつき、妻が「取り調べ」を始め、最後には「よくある不倫の証拠」である携帯にたどり着くというわけ。また、この手口はパソコンに限ったことではなく、スマートフォンやタブレットなどの電子端末でも、リマーケティングの広告が表示されることに変わりはありません。ただ、スマートフォンやタブレットの場合、夫は夫、妻は妻が自分専用の端末を持っていることが多く、例えば、妻が夫のスマートフォンを借りて、ネットで調べものをするというシチュエーションは少ないでしょう。

一方で、パソコンについては一家一台という具合で1つのパソコンを家族みんなで共有している家庭もあり、その場合、前述のような悲劇が起こり得るのです。もちろん、その逆も然り（夫が妻の不倫を発見してしまう）ですが。

もしかすると、この悲話を聞いて肝を冷やすのは一瞬だけ。ほとぼりが冷めれば「ジュエリーのプレゼントはネットで検索しないよう気をつければいいんでしょ！」と開き直るかもしれませんが、そんなふうにタカをくっていたら大間違い。早々に痛い目に遭うはず。なぜなら、「不倫の香り」を漂わせているのはジュエリーだけではないのだから。これはどういうことでしょうか？

case53

ネット上にこびりついた不倫の証拠は隠滅不可能!?

不倫を連想させるリマーケティング広告に気をつけろ

例えば、女性用のブランドものの財布やバッグ、時計などはジュエリーとまったく同じで「誰のためのプレゼントなのか」と疑いの目で見られるでしょう。それ以外には観光地の名所、イベントやお祭り、飲食店や旅館などの旅行ガイド。また飛行機や電車、レンタカーなどの旅行順路。そして、それらの住所や電話番号、地図などの旅行情報。もし、夏休みを翌月に控え、家族旅行の予定を立てるべく、今のうちにネットで調べているのなら何の問題もありませんし、むしろ、良い夫、良い父として株が上がるでしょう。

しかし、実際には家族旅行の予定などないのに、妻がパソコンを開いた途端、旅行関係の広告のオンパレードだったり、また毎年、夏の旅行では避暑地である軽井沢に行っているのに、「沖縄のスキューバダイビング」の広告がデカデカと表示されたら、妻はどう思うでしょうか？「一体、何を調べていたの?」と追及されても仕方ありませんが、本当は愛人と一緒にしっぽりと不倫旅行に行くつもりで調べていた、なんて口が裂けても言えないでしょう。他にも高級レストランや高額なホテルの広告が出てくれば、愛人を口説くためでしょうし、もっと過激なのはラブホテルや避妊具、女性用の下着、そして大人の玩具。

もちろん、性生活がお盛んな夫婦なら、妻が開いたパソコンにそれらの広告が表示されても、「妻と（性交渉）するため」で済まされるかもしれませんが、反対にセックスレスの夫婦なら悲惨なことになります。夫は思わず赤面して妻からパソコンを取り返し、真っ先にその場面を閉じようとするでしょうが、妻は妻で「何なのこれ！」とヒステリーを起こし、「バイブ、ローター、ローション。女性が感じるグッズは今すぐ。送料無料」と表示されたパソコンを巡って取っ組み合いに発展すること必至です。

このようにリマーケティングの影響で都合の悪い広告が表示され、そのせいで妻に「不倫の事実」を知られる可能性があるのですが、最悪の事態をあらかじめ防ぐことはできないのでしょうか？

もちろん、はじめから「不倫の香り」漂うようなキーワードで検索しないに越したことはありません。そうすれば不倫を連想させるリマーケティング広告は表示されないのだから。だから実際に検索する前に「本当に大丈夫なのか」をよくよく自問自答した上で、えいや！　とキーボードを叩けば良いのでしょうが、かなり面倒です。そもそも、どのキーワードが大丈夫なのかNGなのか、見分けがつくでしょうか？　例えば、夜景のライトアップやテーマパークの待ち時間、自然公園に咲いている花の種類など、恋愛に関係しそうなキーワードはすべて「不倫」にも共通するし、日常生活に必要な1週間の天気や電車の乗換、喫茶店の営業時間だって妻に都合良く拡大解釈され、疑われる可能性だってあるのだから、どんなに注意したって無理なものは無理でしょう。

case54

ネット上で誰がどこに不倫の証拠を隠しているのか？

証拠隠滅作業でのケアレスミスは命取り

ところで検索エンジンGoogleを使って調べることを「ググる」と言いますが、「ググる」はあまりにも簡単で便利で使い勝手が良いので、すでに日々の生活で欠かせないツールになっており、もはや「体の一部」だと言っても過言ではないでしょう。だから、今さら「ググらない生活」なんてできるでしょうか？　いや、無理でしょう。一切ググらなければ行動ターゲティングに引っかからない……確かにそうですが、それはあくまで極論で、あまり現実味のないやり方です。ですから、どうしてもネット上で「検索する」という前提で、どのようにリマーケティング対策をするのか、「検索後」に焦点を当てる必要があります。

例えば、妻がパソコンを開く前に、その広告が「表示されないよう」設定を変えておけば安心ですし、もうビクビクする必要はありませんが、そんなことが可能なのでしょうか？　前述の通り、リマーケティングは訪問履歴の分析結果をもとに、より効果的な広告を表示する手法のことですが、この訪問履歴のデータは「パソコンのなか」に保存されています。その保存場所のことを「Cookie」といいますが、Cookie をすべて削除すれば、訪問履歴はリセットされるので、行動ターゲティングは機能しません（本書はネットの専門書ではないので Cookie の削除、初期化の方法は省略します。具体的な方法は専門書等をご覧ください）。

そもそもリマーケティングとは閲覧者ごとに広告を変える手法ですが、リセット後は誰が見ても同じ広告、つまり、旧来のネット広告しか表示できなくなるのです。ですから、「〇〇の広告が表示されたから、きっと××のサイトを見たはず」という具合に邪推することは難しくなるのです。だから、自宅のパソコンで「不倫旅行の下調べ」をしても、足跡が残らないので大丈夫だというわけ。

またリマーケティング広告の大手「Google Adwords」の場合、広告の右端にバッテン（×）マークがあり、そこをクリックすると、当該広告は今後、表示されませんが、別の広告が表示される可能性はあるのでご注意を。例えば、ネット上でラブホテルと避妊用ピルについて調べた後、ラブホテルＡの広告が表示された場合、次回以降、ラブホテルＡの広告が表示されないように設定することは可能ですが、次回は避妊用ピルの通販ショップＢが表示されることもあるし、あろうことか今度は「ラブホテルＣ」が表示されることもあり得るので、まったく油断も隙もありません。だから、「×を押す」というやり方では、足跡を完全に消すことはできないのだから、ゆめゆめご油断めされぬよう。

なお、広告主のサイトの商品を購入しても、再購入を促すため、その広告は出稿され続けるので「お情け」で購入してあげても、それでは何にもならないのです。ＩＴやネット、パソコンに慣れ親しんだ若者なら途中で「おかしい」と気が付くでしょうが、一方でちょっとかじっただけの中高年はどうでしょうか？「これで大丈夫」とホッとしたのも束の間、妻に見つかってはじめて「ちゃんと消したのにどういうことなんだ！」と頭を抱えるのでは手遅れなのです。

このように足跡（訪問履歴）を消せば、後ろをつけてくる人（妻）から逃れることが可能ですが、とはいえ、この証拠隠滅テクニックはあくまで手作業でケアレスミスが起こりやすいので、くれぐれもお忘れなく。

case55

IT利便性の向上＝不倫発覚の増加というジレンマ

驚異的なサービスの進化がありがた迷惑に

「やましいこと」をすると、ネット上に足跡がしっかり残り、そこから足がつき、「不倫の罪」で御用になるという流れですが、リマーケティングだけ気をつけていれば、大丈夫なのでしょうか？　いや、そんなことはありません。他にも不倫発覚のきっかけになり得る「ネット上の足跡」は存在するのです。これはどういうことでしょうか？

例えば、どのようなキーワードで検索したのか、その「検索実績」がネット上に保存され、次回以上、過去の検索実績が表示されるという、ありがたい、いや、ありがた迷惑なサービスがあります。リマーケティングのように格好いい呼び名はついていないのですが、これも「足跡が残る」という意味で危険な香りをプンプン漂わせているのです。具体的に見ていきましょう。

例えば、あなたは来週、愛人と密会する予定を立てていたとします。とはいえ、妻とは10年来、セックスレスで久々の情事だからまったくもって不慣れ。さすがに五反田がラブホテル街として有名なことくらいは知っているでしょうが、本番では彼女をラブホテルまでスムーズにエスコートしなければなりませんし、ロマンティックで雰囲気の良い部屋を選びたいところです。また1回の射精で満足できるかどうか分からないので、コンドームの数も気になるところです。

だから、当日までに入念な下調べが欠かせませんが、とはいえ、友人や同僚、親戚など周囲の人間に尋ねるわけにはいかないでしょう。「愛人とセックスするなら、どのホテルがいいか？」なんて。こんなときこそ、「ググる」（検索エンジンGoogleを使って調べること）の出番です。「五反田　ラブホテル　コンドーム数」という複合キーワードで検索すれば、きっと「五反田のコンドームが2つ以上あるラブホテル」を教えてくれるでしょうし、後はフロントや外観、部屋などの写真を見比べて、オシャレなホテルを選べば良いのです。ネットなら口うるさい人間どもと違い、「奥さんに知られても知らないぞ！」という余計な一言で釘を刺してくる心配もありませんが、本当に安心なのでしょうか？　万が一、その直後に妻がパソコンを使ったら、どうなるでしょうか？

「五反田」と打ち込むと検索窓には「五反田　グルメ」「五反田　ランチ」「五反田　ラーメン」と一緒に、何と「五反田　ラブホテル　コンドーム数」と表示されるのです。しかも、他の複合キーワードより目立つような色で。妻は妻でびっくりです。だって、ちょうど五反田に行く用事があり、当日、何を食べようかを調べていただけなのに、いきなり、こんないかがわしい表示が目に飛び込んできたのだから。「何これ！」と声を荒げるのも無理はありません。それもそのはず。どこからどう見てもバレバレなのだから。あなたが「五反田のコンドームがたくさんあるラブホテル」を探していたことは。

何とも恐ろしい話ですが、とはいえ、パソコン君だって悪気はないでしょう。残念ながら、現在の使用者が夫なのか妻なのか判別できないのだから、前回も夫、今回も夫だと勘違いし、「また同じ複合キーワードで検索するのかな？　それなら、入力する前に表示しておこう」と気を回してくれたのかもしれません。よかれと思い「五反田　ラブホテル　コンドーム数」を表示したのですが、悲惨なことにパソコンの目の前にいるのは夫ではなく「妻」だったのです。

ところでＩＴの世界は「ドッグイヤー」と呼ばれているのをご存知でしょうか？　これは犬が人間と比べ、7倍の速さで年をとるように、ＩＴの世界は他の世界に比べ、7倍の速さで進歩するという意味ですが、あなたは「7倍速のスピード」に付いていけそうでしょうか？　リマーケティングをはじめ、今回ご紹介したＩＴ技術は今のところは最先端ですが、とはいえ、1年後、2年後にはすでに陳腐化していて、まったく違う新しい技術が開発されているに違いありません。

勤務先はＩＴ系じゃないし、パソコンは得意じゃないし、自分はアナログ人間だから……そんなふうに無関心を装って、今回の話を右から左へ聞き流すかどうかは、あなた次第ですが、「7倍速のスピード」から脱落した時点で、不倫の事実がネット経由で妻に知られる確率がぐっと高まるという危険極まりない時代に、あえて「妻以外の女性と付き合っている」ことは頭の片隅に置いておいた方が良さそうです。

祥伝社黄金文庫

イマドキの不倫《ふりん》事情《じじょう》と離婚《りこん》

平成26年7月30日　初版第1刷発行

著　者　露木幸彦《つゆきゆきひこ》

発行者　竹内和芳

発行所　祥伝社《しょうでんしゃ》

〒101-8701
東京都千代田区神田神保町3-3
電話　03（3265）2084（編集部）
電話　03（3265）2081（販売部）
電話　03（3265）3622（業務部）
http://www.shodensha.co.jp/

印刷所　萩原印刷

製本所　ナショナル製本

Printed in Japan　© 2014, Yukihiko Tsuyuki　ISBN978-4-396-31643-3 C0195